暮らしの中に
終わりと
始まりを
つくる

一田憲子

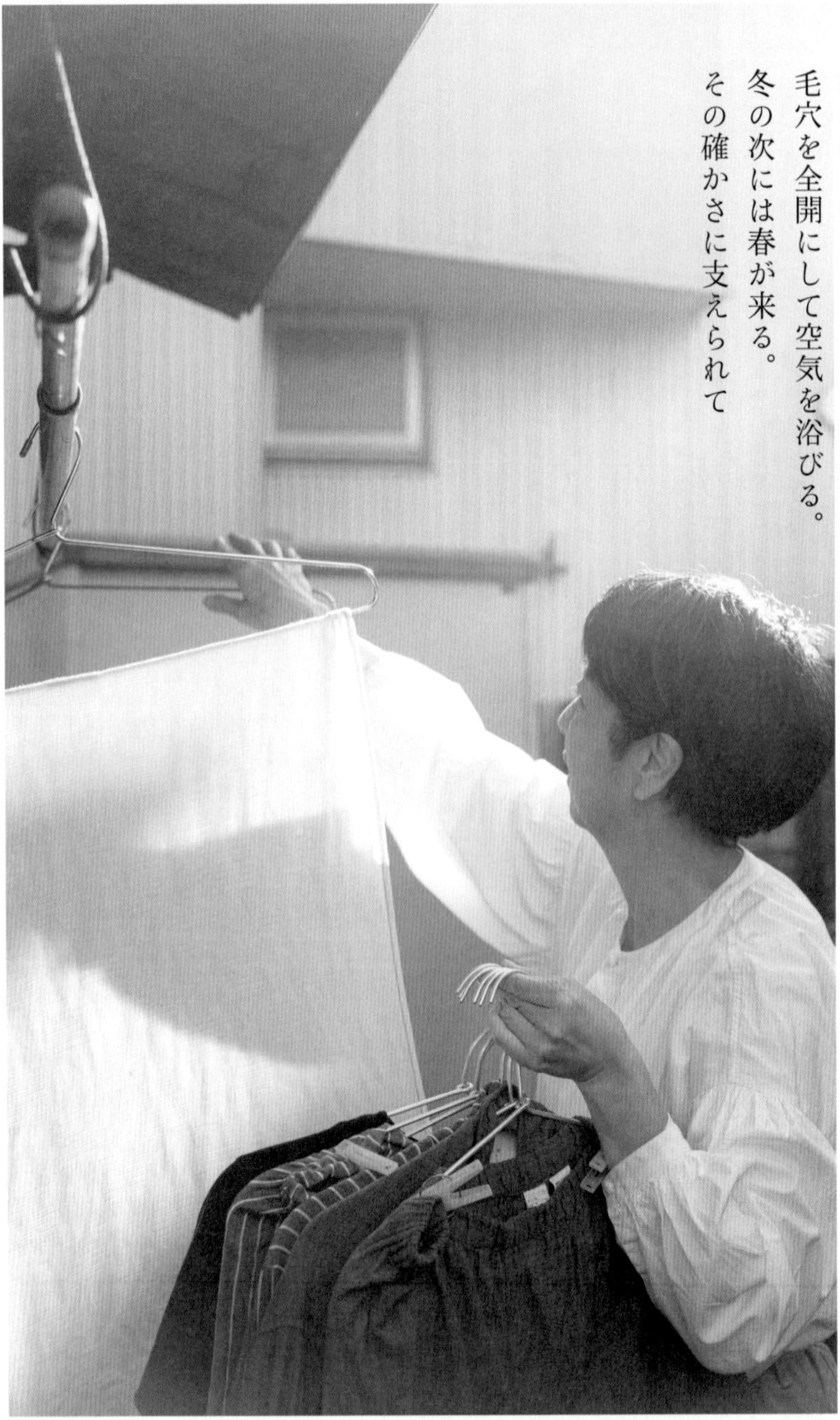

洗濯物を干しながら、
毛穴を全開にして空気を浴びる。
冬の次には春が来る。
その確かさに支えられて

朝起きて昨日の器を食器棚へ。
先へ先へと走ってしまう心を「今」に戻す

人は毎日目にするものでできている。
だから1日の始まりに、
真っ白なベッドカバーを

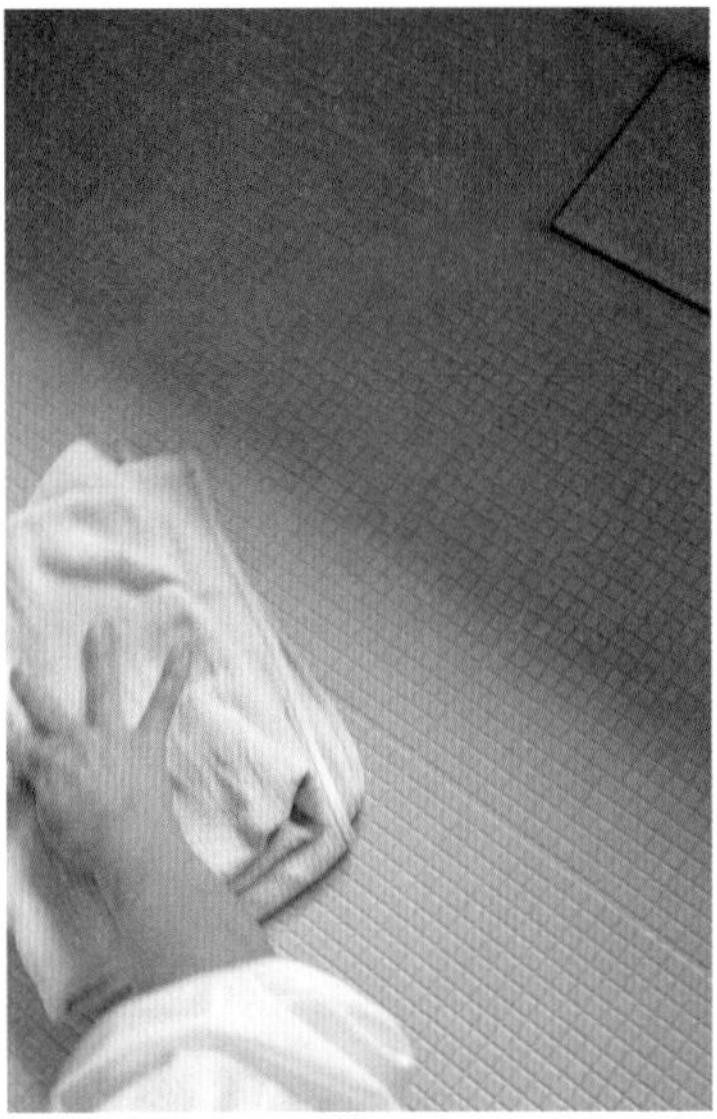

朝イチにお風呂を洗う。
エンジンをかけるコツは、
考えずに手を動かすこと

サボる日があるから
「やった日」は爽快。
キッチン掃除は、
気分屋の自分と折り合う作業

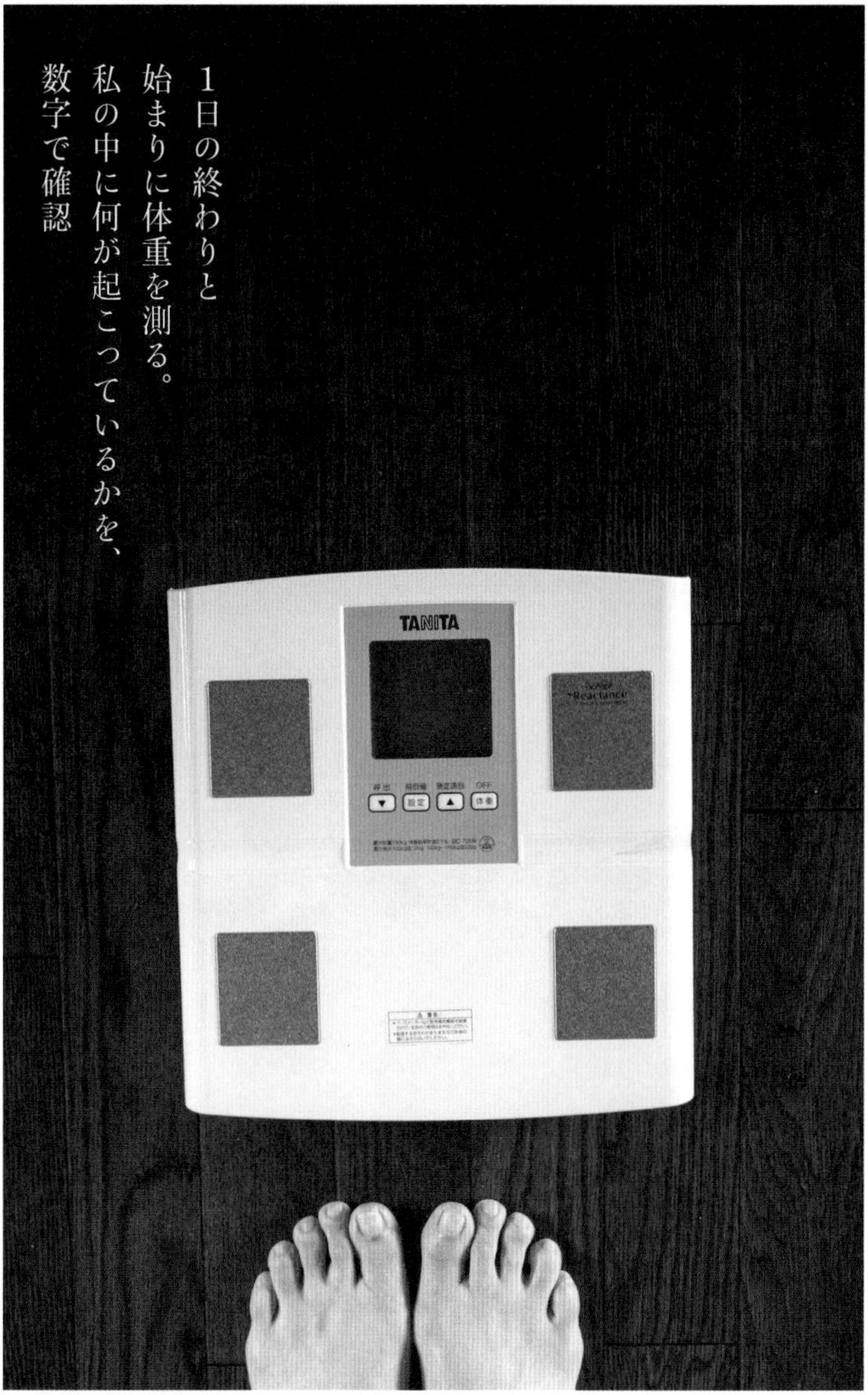

1日の終わりと
始まりに体重を測る。
私の中に何が起こっているかを、
数字で確認

1日の終わりに、
その日あったいいことを思い出す。
人は「思い方」だけで幸せになれる

はじめに

私は、暮らしの中で「けじめ」をつけることが大好きです。1年の中の大きな「けじめ」といえばお正月。年末まで仕事に追われ、バタバタと過ごしていても、ささっと部屋を整え、お飾りを用意し、新年の朝を迎えると、背筋をピンと伸ばしたくなります。昨日から今日へ。それは、当たり前に巡ってくる時の流れなのに、「大晦日」「元旦」という区切りがあるだけで、一旦まっさらな自分に戻ることができます。そして、「さあ、今年はどんな年にしよう?」とゼロから考える……。海外で迎える新年は、カウントダウンなどお祭りモードで、それはそれで楽しいけれど、除夜の鐘を聞き、百八の煩悩を落として、初詣に出かけ、1年の無病息災を祈る……という日本のお正月の文化は、なんて素晴らしいんだろうと思います。

たぶん私は、暮らしの中に「終わり」と「始まり」をつくることが好きなんだろうと思います。1冊の本の入稿が終わると、部屋中を掃除したくなるのもそう。書類が山積みになった机の上を片付け、不要な資料をビリビリと破いて捨て、リビングの窓を開けて、掃除機をかけて拭き掃除をする。そうやって手を動かすうちに、今まで「そのこと」しか考えられないほど集中していた頭が、ゆっくりとほどけていきます。自分の中にいっぱいいっぱいに詰まっていたものを、ごっそりと捨て、空っぽにする……。それが、ひと仕事終えた後の私の「大掃除Ｄａｙ」です。

「やらなくてはいけないこと」に追われていると「立ち止まって考える」心の余白がなくなっていきます。仕事だったり、「今日の夕飯には何作ろうか？」という段取りだったり、毎日考えるべきことはたくさんあります。でも、「走りながら考える」ことと「立ち止まって考える」ことの間には、大きな差があるなあと思うのです。立ち止まるとは、ゼロに戻るということ。そこに、「今すぐ考えなくちゃいけないこと」はありません。空っぽな自分の中から立ち上がってくる「考える種」を拾い、「はて？　こう感じているのは、いったいどういうことだろう？」と自分に対して問いを立てる……。それはきっと小難しいテーマでなくても、いたって普通のことでいいのです。

「掃除の時間を朝から昼に変えてみたら、１日はどうなるかな？」だったり、「仕事以外に夢中になれるお楽しみってなんだろうな?」だったり、「老後の私ってどうなっているかな?」だったり……。そんな問いの根っこは、すべて自分の在り方に繋がっています。

ふとぽっかり時間ができた時、フ～ッと伸びをすると同時に、なんだか足元がす～す～するような不安が押し寄せてきます。交差点で信号待ちをしている時、ストップモーションがかかったかのように、立ち止まった私の周りだけ時が流れている。「やらなくてはいけないこと」がすべてなくなった時の、心もとなさといったら……。

でも、何者でもない素の自分に戻って、一抹の不安を肌に感じながら、「はて?」と考えることが、私はとても好きです。ゼロ地点に立って考えることで、「じゃあ、次はこんなことを始めてみようか?」と新しい自分になるための一歩を見つけることができます。それは、夜寝る前にキッチンのスポンジを吊るして干しておくことだったり、仕事から帰って、その日もらってきた書類をノートに貼ることだったりと、ごく些細なことばかりです。そんな小さな工夫を手に、明日を迎える準備をしているとワクワクしてきます。

何歳になっても、人は新しくスタートできる。自分の中を空っぽにし、「よし!」とまっさらな気分に戻るのは、そう信じたいからなのかもしれません。

二章 日々の節目に

三章　人生の先を見つめる

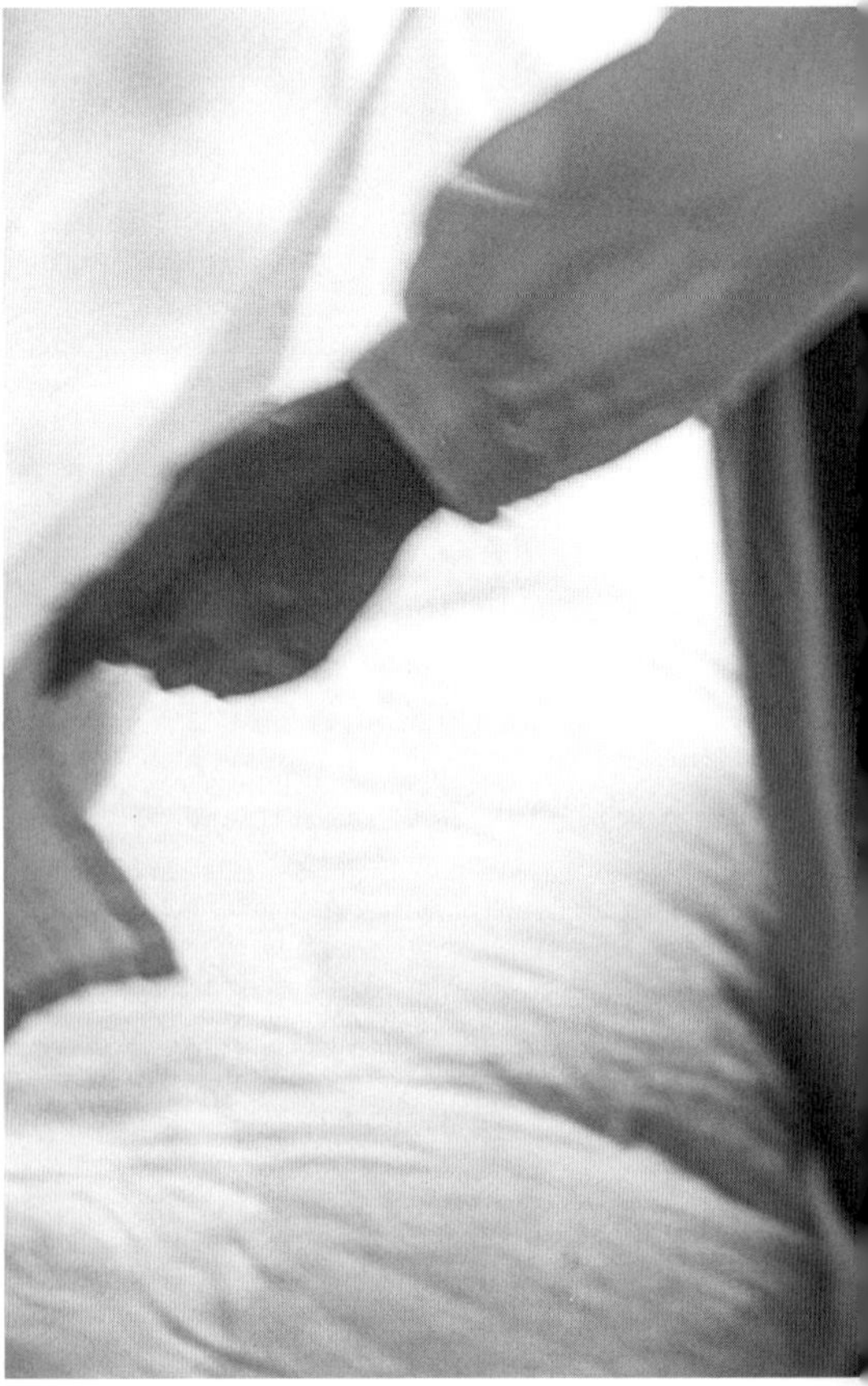

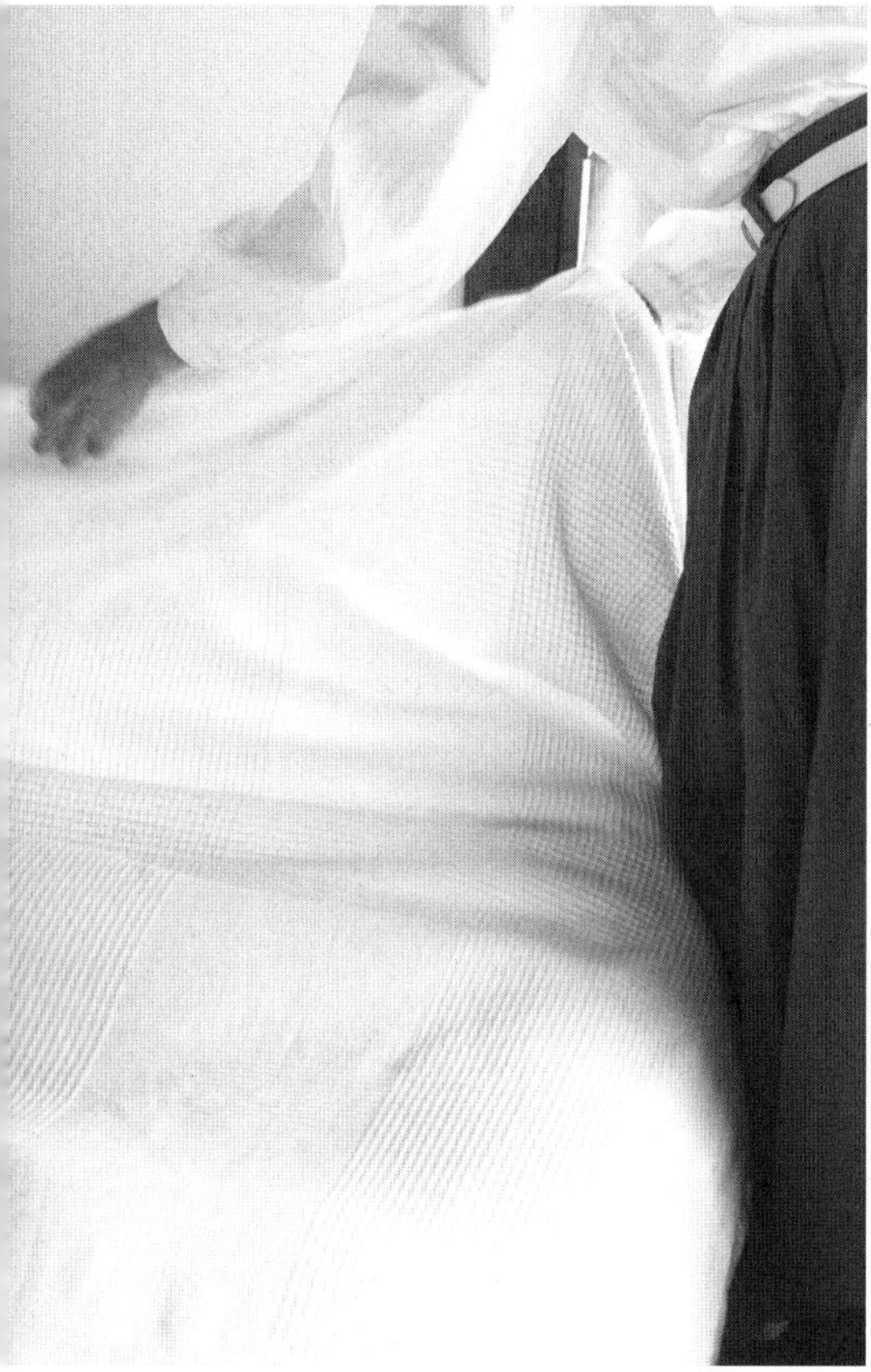

一章　毎日のこと

人間は、異なるふたつの気持ちを同時に持つことができます。
掃除をしたいけれど、したくない。
仕事をしたいけれど、したくない。

掃除をした方が気持ちがいいのはわかっているのに、
掃除機を出してくるのが面倒くさい。
仕事をテキパキ片付ければ、さっぱりするのはわかっているのに
テレビの前のダラダラモードから抜け出すのが嫌……。

どうしたら、そんな自分を上手に操ることができるのだろう？
とずっと考えてきました。
そこで、考え出したのが、

「したい」と「したくない」の繋ぎ方を変えてみること。

掃除をしたら、見えないものが見えるようになる。
毎日ストレッチをしたら、すぐには結果が出ない楽しみ方を知る……。
「掃除をしたら部屋がきれいになる」以上の
「結果」を手に入れた時、
日々のさもない営みが、キラキラと輝き出します。

ベッドカバーをかけて、暮らしの景色を美しくする

朝は夫より私の方が2時間ほど早く起きます。夫が起きると寝室とリビングの窓を開けて風を通し空気を入れ替えます。ベッドはしばらくそのままに。こもっていた体温が十分冷めた頃に、布団や毛布を整えて、ベッドカバーをかける。これが、外出前の我が家の儀式です。

実はかなり長い間、ベッドカバーはせずに布団をチャチャッと整えるだけでした。「どうせ仕事に出かけて、帰ってきたらまた寝るんだし……」と思っていたのです。そんなズボラな習慣を変えようと決心したのは母の影響です。

専業主婦の母の口癖は「私は家事のプロになる」というもの。今年で77歳になりますが、家をきちんと整えるために週間&1日のスケジュールを立てて、

毎日クルクルと動き回っています。朝の家事はルーティンがあって、まずは朝食前に玄関を掃除し洗濯機を回します。そして、寝室の窓を開けて風を通しているうちに、父とふたりで朝食を。食べ終わったら洗面所を掃除し、ベッドメイキングに取り掛かります。実家に帰った際、ちらりと両親の寝室を覗くと、いつもピシッとベッドカバーがかかり、その部屋全体の空気の清々しいこと！そこで、ちょっと真似してみようかなと思い立ったのでした。

まずはベッドカバーを購入するところから。インターネットであれこれ探し「イケア」で真っ白なシングルベッド用のカバーを2枚買いました。茶色やグレーなどシックな色もいいけれど、我が家のベッドルームは4畳半と狭いので、濃い色だと圧迫感があるかな、と思って。ポイントはシングルサイズでも、やや大きめのカバーを選ぶこと。ギリギリのサイズだと、ベッドの上にカバーを「置く」形になり、すぐに動いて乱れてしまいます。大きめだと、きれいに「垂れる」ので、その重さでカバーが落ち着くというわけです。

ネットショップで選んだ商品が届き、さっそくベッドにかけてみると、「白」

の効果で部屋全体が急に明るくなったよう。そして、たった布1枚なのに、部屋に「きちんと感」が出るその効果に改めて驚きました。すっかり気を良くして、面倒くさくても必ずベッドカバーをかけてから外出するようになりました。

夕方仕事を終えて帰ってきても、ベッドルームがピシッと整っている様子を見ると、思わず「よしよし」とにんまりしてしまいます。反対に寝坊をしてそのまま出かけてしまうと、帰って乱れたままのベッドを目にしてげんなり。

「人は毎日目にするものに育てられている」という言葉を聞いたことがあります。毎日自宅の窓から海を見ていると、海のように心が広い人に。森を目にすれば四季の巡りとともに生きるように……といった具合。ベッドルームの風景も、それと同じだなあと思うのです。

以前、掃除についてコンサルティング会社の社長にお話を聞いたことがあります。その社長が教えてくれたのは、毎日仕事机の半分だけを拭き掃除してみる、ということでした。半分だけ拭き掃除をしていると、やがて掃除をしていないもう半分の机の上が、いかにホコリまみれなのかが「見えて」くるというのです。かつて、ベッドカバーをかけていなかった時には、ベッドがグシャグシャでもまったく気になりませんでした。でも、カバーをかけるようになったら、きちんと整っていないと気持ちが悪い……。そんな思いをするのが嫌だから、どんなに急いでいてもベッドを整え「よし！」と見渡してから仕事へ。

もしも、真っ白なカバーがかかったベッドルームを毎日目にするだけで人生が変わるとしたら……。こんな1〜2分の習慣で、私の心が少し美しく育っていればいいなと期待しています。

白湯を飲んで、体の感度を上げる

朝、仕事を始める前に、まずお湯を沸かして白湯《さゆ》を飲みます。これは、10年以上前に「マーマーマガジン」の服部みれいさんに教えてもらったこと。「コーヒーのシャワーを浴びないように、朝、体内をきれいにしてくれるのは、白湯なんです」という言葉に納得！ その時、みれいさんは、こうも語ってくれました。「私自身はちっともすごい人じゃない。でも自然を味方につけて感度を上げて、それを伝える〝いい管〟になりたいなと思うんです」（「暮らしのおへそ」Ｖｏｌ．９）。この「いい管になる」という言葉に、私はしびれるほど感動しました。そうか、私自身が何者かにならなくても、何かを受け取る「管」になればいいんだ！ 私ができることは、自分を大きくすることでなく、自分の内側にある「管」を磨くことなんだ……。

そんな「管磨き」の第一歩として始めたのが、白湯を飲むことだったわけです。さっそくやってみると、それまで使っていたステンレスケトルで沸かしたお湯は、金属の嫌なにおいがしました。コーヒーや紅茶や緑茶を飲んでいた時には気づかなかったのに……。そこで、思い切って盛岡産の鉄瓶を買ってみました。予想通りこれで沸かしたお湯は無味無臭。スルスルと体の中に入っていきます。ふ〜ふ〜と息を吹きかけて、自分の中の「管」がきれいになっていく様子を想像しながら白湯を啜ります。イメージすることは、きっと頭と心と体に大きな作用をもたらすはずですから。

取材に出かける時にも、友人と会う時にも、本を読む時にも、散歩する時にも、「フレッシュ」＝「新鮮」でいたいなあと思います。初めて見たように、初めて聞いたように、すべてのことに向き合えれば、「心が震える」という反射神経がアップするような気がします。私にとって白湯を飲むことは、昨日の続きではなく、まっさらな気分で１日を迎えるための儀式なのかもしれません。

若い頃、私はいいライターになりたくて、いい仕事がしたくて、誰かに認めてもらいたくてたまりませんでした。「私は、ここにいます。誰か見つけて！」と大きな声で言いたかった。でも、少しずつ経験を重ねるうちに、「大きな声」は大して役に立たないことがわかってきます。どんなに叫んだところで、人が評価してくれるのは、声の大きさではなく、そこにキラリと光る魅力があるかどうか。魅力というものは、外へ向かってアピールすることでなく、自分の内側で磨いて、育てて、輝かせるもの……。若い頃の私は、どちらへ向かって力を注げばいいのかがちっともわかっていなかったなあと思います。

人の評価は、自分がコントロールすることはできません。自分の力が及ばない場所にあるものを「どうにかしたい」とヤキモキすると、どんどん疲れが溜まってきます。どこにあるかわからないものを探すより、目線を自分の足元に向け、できることをやるしかない。淡々とそれを続けた結果、乾いた大地に恵みの雨が降るように、木陰に風が吹くように、自然にやってくるご褒美が「評価」。そう理解できるまで、ずいぶん時間がかかってしまいました。

朝、お風呂掃除を終えた後に、鉄瓶を火にかけます。蓋を開けて、10分ほど沸騰させてから白湯を飲みます。フーフーと息を吹きかけながら、つい外へ外へと向かいがちな気持ちを、自分のお腹の中へと戻す……。特別なことを何もしなくても、たったこれだけの習慣で、自分を整えることができるなら、なんてお手軽なんでしょう！　朝、ガス台の上でしゅんしゅんと沸く鉄瓶のお湯……。それは、1日を始めるにあたっての、私の地ならし作業の風景です。

朝イチにお風呂を洗って、意識をシャキッと覚醒させる

朝起きて半身浴をした後に、まず取り掛かるのはお風呂掃除です。とは言っても、洗剤を使って丁寧に洗うわけではありません。右手にファイバークロス、左手にシャワーを持ち、お湯をかけながらこすするだけ。ものの5分で終了です。ただし、ここからが本番！　昨夜使ったバスタオルで、バスタブや壁、床の水分を拭き取ります。もちろん壁全部を拭くのは大変なので、手が届くところだけ。さらに、お風呂のフタもサッと拭いて、バスルームに設置した強力突っ張り棒にかけておきます。これをしておくと、カビがほとんど発生しないので。

あ〜、今日は忙しいし面倒だなあと、パスしたくなる日もあります。でも、そうすると胸のどこかに敗北感が押し寄せるので、「たった5分だし！」と自分

に言い聞かせて、半身浴からの流れで掃除を開始。手を動かしている間に、後ろ向きの気持ちは消え去り、さっさか作業を進めます。何かをするのに腰が重たくなるのは、考えるから。「あ〜、嫌だなあ〜」と気が重たくなるのは、動かないから。考えるより前に、手と足を動かし始めると、自分のエンジンがかかります。

さっぱりと拭き上げて、窓を大きく開けて風を通したバスルームを後にする時、「は〜、気持ちいい！」と毎回思います。頭と心と体が本当に目覚めたという感じ。原稿に追われていて、切羽詰まっている日には、このお風呂掃除をサボることがあります。気ばかりが先へ先へと焦り、起きてすぐパソコンの前に座るのですが、時間がないはずなのに、ぼんやりとした頭で、フェイスブックをチェックしたり、ヤフーニュースを流し読みしたりと、ちっとも集中できません。どんなに時間がなくても、ちゃんとお風呂を掃除した方が、そのあとの効率がぐんとアップする、ということがわかってきました。私にとって、毎朝のお風呂掃除は、意識を目覚めさせるためのスイッチにもなっているよう。

「頑張って」何かをしようとしても、気分が乗らないと、さっぱり前へ進みません。ダラダラモードに突入した時には、いったい私の「やる気スイッチ」はどこにいってしまったんだろう？　と呆然とします。以前はそんな自分を責めたり、「私ってなんて気分屋なんだろう」と落ち込んだり……。でも、歳を重ねると「やる気」というものは、意志の力で起こすものではない、ということがわかってきました。

若い頃は、自分の力以上のものを抱えることで、伸び代を広げてきました。常に、「もっといい仕事がしたい」「もっと豊かな人生にしたい」と足らないものを数えていた気がします。でも、いつまでも背伸びをしていると疲れてしまいます。50歳を過ぎた頃から「自分がすでに持っているものを、いかに効率的に使うか」を考えるようになりました。それは、つまり自分自身のパフォーマンスを上げる、ということ。私は、今の私以上にはなれないから、自分の「本領」をいかにうまく動かすかを考えよう。そのためには、体調を管理し、心を鎮め、自分を整えることが大事。こうして、暮らしの中に、自分のご機嫌をとるしかけをあれこれ作る工夫をするようになったというわけです。

なんだかやる気にならない。そんな時に有効なのが、「何か」とは、まったく別のことをすることです。仕事をしなくちゃ、夕飯の準備をしなくちゃと、イヤイヤながら取り掛かると効率が上がりません。そこで、「何か」から一歩離れて、回り道をしてみます。仕事の前にちょこっと掃除をしてみたり、夕飯の準備の前に自分が好きなお茶を入れて飲んでみたり。そうやって一直線に目的地へ向かわずに、回路を切ってから、もう一度立ち戻ると「イヤイヤモード」から集中モードへと自然に切り替えることができる気がします。

毎朝のお風呂掃除は、1日の始まりの意識をシャキッと覚醒させるための儀式。お風呂さえきれいになれば、きっといい日が始まる……。暮らしの中に、そんなスタートラインを作るのもなかなかいいものです。

結果がすぐに出なくても、毎朝、ストレッチを続けてみる

毎朝、仕事に取り掛かる前にリビングにヨガマットを敷いて、好きな音楽をかけてストレッチを始めます。これは、ヨガを習っていた頃に始めた習慣。以来、誰かから「こんな運動がいいんだよ」と聞くたびに、スクワットをプラスしたり、ストレッチポールを取り入れてみたり。少しずつ変化させながら、私なりのストレッチのルーティンができあがりました。

忙しくなって原稿に追われると、気持ちの余裕がなくなって、このストレッチをパスすることもしょっちゅう。すると、ふと気づくと肩が凝り、背中がカチカチになっています。我流の「なんちゃってストレッチ」ですが、毎日続けていると、確実に体のケアになっているんだなあと、サボるたびに実感します。

最近、近所のパーソナルトレーニングジムに通い始めました。そこで教えてもらったのが、肩甲骨を柔らかくすること。ストレッチポールに仰向けに寝転がり、両手を床につけて頭の上へと回すだけで、肩甲骨がゴリゴリと鳴り、腕の付け根がギュ〜ッと引っ張られて痛いのなんの！　さっそくいつものストレッチに、この「肩甲骨回し」を取り入れることにしました。

さらに、気になる「ぽっこりお腹」解消のためには、仰向けに寝転がって、膝を両手で抱え、左右交互に胸まで引き寄せます。「ウホウホと筋トレしなくていいんです。大事なのはインナーマッスルを鍛えること」とトレーナー。「え〜？　こんな緩い体操で、効果あるのかな？」と半信半疑でしたが、2週間、3週間と続けるうちに、するすると体重が落ちてびっくり！「インナーマッスルって、ココにあったのね」ということがようやく理解できました。コツコツと続けることで、体は確実に変わる。そのことを実感する今日このごろです。

私は、せっかちなので、何か行動を起こしたら、すぐに結果が出ないと気が済みません。若い頃は、部屋の片付けを始めたら、夜中までかかってもすべてを整理し、ピシッと箱がそろった姿を眺めなければやめられなかったし、仕事でも、アポイントを入れてOKかどうかがわからないとイライラしたものです。

歳を重ねるにつれ、世の中にはすぐに結果が出ないものがある、ということがわかってきました。どうなるか、結果は見えなくとも、「今日できること」を淡々と繰り返す。そうやって得た粘り強さは、持続力があり、確実に自分のものとなります。いくら頑張って整理整頓して、ピシッと箱をそろえてみても、それが自分の生活スタイルと合っていなければ、「箱にしまうこと」さえ続けられなくて、結局元の状態に。それよりも、時間をかけて、自分のクセを知り、生活に合わせた「しまい場所」「しまい方」を見つけた方が、部屋は整うもの。「今すぐ」取材させてもらえなくても、会ってお茶を飲みながら無駄話をして、少しずつ人間関係を密にしていった方が、いい取材ができます。

そんな経験を経て、学んだことは「結果がわからなくても続けてみる」ということ。今まで私が最も苦手としたアプローチが、なかなか有効なんじゃないかということでした。つまり、「この方法はもしかしたら間違っているかもしれない」けれど、とにかくやってみる、ということです。ここが難しい……。みんな「無駄な努力はしたくない」のです。できれば、直線距離で結果に到達したい。でも回り道をするからこそ、「できること」と「できないこと」がわかり、自分にとって本当に必要な収納方法や、ストレッチの仕方を知ることができます。そして、ハッと気づいた時、部屋がそこそこ片付いていたり、前屈してラクに床に手がつくようになっていたり……。コツコツと続けてさえいれば、必ず実りの瞬間がやってくるということがたまらなく嬉しい！

忙しい毎日を送っていると、「効率モード」の思考回路になっていきます。毎朝ヨガマットを敷き、座ってフ〜ッと深い呼吸をすることで、そんな回路をプチンと切る。それが、私のストレッチタイムの大きな効用のよう。体を動かしながら、「目標」や「結果」という先にあった視点を、「今ここ」にある体へと戻す。朝のストレッチタイムは、つい突っ走りがちな頭と心の「重石《おもし》」となってくれます。

掃除&片付けで、暮らしのゼロ地点に戻る

ホコリを払い、掃除機をかけ、拭き掃除を終えて、さっぱりと整った部屋を見るたびに、「あ〜、スッキリした!」と気持ちが清々します。そして、掃除をするということは、部屋をきれいにするだけが目的じゃないよなあといつも思うのです。

掃除に取り掛かる前には、まず、テーブルの上に散らかったDMや、床に散乱している靴下、カバンなどを片付け、所定の位置に戻します。掃除と片付けはセットになっているので、掃除をしない、ということは片付けをしないということ。するとどんどん部屋が荒れていくことになります。この状態を「元に戻す」ということが、暮らしの中では、とても大切だなあと思うのです。

日々やらなくてはいけないことがてんこ盛りで、ものごとは絶えず変化を繰り返し、時間は、どんどん先へと流れていきます。効率だけを考えていると、流れに乗って、先へ先へと進んでいった方がいいように思うけれど、絶えず動き続けていると、いったい今、私は何をしているんだったっけ？　と自分が見えなくなってしまいます。

仕事でも暮らしでも、何かを始める時には、「こうなったらいいな」というビジョンを持つものです。「ビジョン」と言葉にできるほど明確に考えていなくても、「今度の新居では、家族でご飯を食べる時間を大事にしたいな」とか、「次の企画では、誰かが困っていることをひとつでも解決してあげられたらいいな」など、まっさらな気持ちの中に「だったらいいな」という旗を立てます。

ところが……。いざいつもの日常が始まったり、企画が進み出したりすると、今度は「つつがなく進行できること」が最優先になります。いつの間にか、生活はルーティンになり、仕事の目的は雑務をスピーディにこなすことに。

どうやら、「ビジョン」とは、ものごとをスムーズに進めるには妨げになるようです。たぶん「ビジョン」を形にすることは、とても面倒くさいことなのです。共働き夫婦なら、勝手に買ってきたお弁当をそれぞれで食べた方がずっとお手軽。でも、そこで「一緒に作って食べること」を大事にしたい、と思ったなら、やっぱり努力が必要になります。

忙しい毎日の中では、こうやってラクな方へ流れることで、本来描いていた「大切にしたいこと」が知らないうちに消え去っていた、ということが多々あります。それを思い出すために、有効な方法が、すべてをリセットして「元の状態に戻す」ということ。掃除なら、片付ければ部屋をリセットできるから簡単ですが、現在進行中の仕事の企画をリセットするとなると、結構大変です。

私の場合なら、1冊の雑誌作りのために取材先を決め、本の台割りを組み、スタッフを決めて、撮影コンテを描く……。ここまで進んだ時に、「はて？　最初のビジョンから少しずれているんじゃない？」と言い出すことは、とても勇気がいります。でも、ここでしっかり最初に立ち戻り、考えなければ、「なんのためにこの本を作るんだっけ？」という根本がわからなくなってしまいます。

だからこそ、たくさん進んでしまう前に、暮らしの中に「元に戻る」というしかけを作っておくのが有効かなあと思うのです。掃除で部屋をリセットすると、気持ちまで白紙に戻ったようで、さっぱりとします。雑巾を手に体を動かすことで、「手のスピード」でしかできないことを思い出します。すると、何かをすっ飛ばして急いでいた自分にちょっとブレーキをかけることができる……。

時計を巻き戻すことは非効率です。でも、大事なことは、木の実が熟してぽとりと落ちるように、時間がかかるもの……と思い出すことはとても大事だなあと思うのです。部屋は掃除さえすれば、何度でも元の状態に戻ってくれます。そんな「暮らしのゼロ地点」を決めておくと、つい走り出してしまう心を、少し平穏に保つことができる気がします。

仕事を始める前にハンドクリームを塗って、意識を「今」に導く

掃除やストレッチなど朝のルーティンを終えたら、なるべく早くパソコンの前に座ります。ぐっすり眠って目覚めた起きたての頭はとにかくフレッシュ！パフォーマンスが最高の時に原稿が書きたい！　と思うので……。掃除途中にすでにパソコンを立ち上げておき、机の前に座るとすぐに書き始めるのがいつものパターン。ただし、椅子に座って、原稿を書く前にやることがあります。それがハンドクリームを塗ること。

ちょっと奮発して上等な、いい香りのハンドクリームをデスクの上にいつも置いておき、「さて！」と椅子に座ると、まずそれを取って手に塗ります。ふわりといい香りが立ち上り、「締め切りギリギリだ！」と焦っていても、心をふっ

と緩めてくれるし、「なんだか今日は気が乗らないなあ」と思っていても、頭をクリアにし、集中力を高めてくれる気がします。

30代の頃、私はいつも寝不足でした。「忙しい、忙しい」というのが口癖で、常に時間に追われていた気がします。でも、今から思い返してみれば、おそらく書いていた原稿の量は今の半分以下だったと思います。なのに、どうして時間が足らなかったのか……。それは、「仕事に取り掛かるまで」に時間がかかったから。

仕事をしなくちゃいけないんだけれど、やりたくない。仕事が好きなんだけど、疲れている。人間というのは、相反する感情をいつも心に抱えているよなあと思います。効率を上げるためには、「今」にまっすぐアクセスするしかけを作ればいいんじゃなかろうか、と思うようになりました。

そこで、利用することにしたのが「香り」です。私が使っているハンドクリームは、「グロウン・アルケミスト」のオレンジとバニラの香り。ちょっと気分転換したい時には、「ジュリーク」のローズの香りを。パソコンの前に座った直後は、「明日までにあれをしなくちゃ」「このアポイントを取らなくちゃな」と意識があっちこっちへと飛んでいます。でも、ハンドクリームを取り、手の甲に少量をのせて、ゆっくり手全体になじませて「あ〜、いい香り」と、鼻を膨らませている間に、散りぢりだった意識が、自分の手の中へ戻ってくる気がするのです。あれこれ気になることはあるけれど、今私ができるのは、目の前の原稿を書くこと……。

逆に、緊張を解いてリラックスする時に使うのも香りです。フリーライターは、自宅で仕事をするので「暮らし」と「仕事」の間に線引きをするのがなかなか難しい。家事や育児をしているお母さんも、24時間忙しく立ち働いて、なかなか「ここから休憩」という時間を取れないのではないでしょうか？　そんな時「本日閉店！」とシャッターを下ろすお手伝いをしてくれるのが香りなのです。アロマキャンドルを焚いたり、お風呂に好きな香りの入浴剤を入れたり。五感を使うということは、「頭を使う」のとは、まったく違うこと。五感を刺激することで、体の中の別の機能がむくむくと目覚めてくるような感じがします。

そして、「香り」というしかけを使うことで、フル稼働していた頭がだんだんクールダウンしていく……。

たかが香り。「香りを使って気分転換を」というのはよく聞くフレーズです。でも、実際に、自分の体の中に起こっている作用を分析してみると、これがなかなか面白い！　それは、私にとって「直接」と「間接」の違いを理解することでもありました。原稿を書くテクニックや、取材の仕方など、よりよく仕事をするための「直接的」な方法には限界があります。でも、環境や体、心を整えるという「間接的」な方法には、いろんな可能性が秘められている……。クンクンと鼻を動かしながら、そんな見えない力を味方につけたいと思います。

暮らしの横に流れるラジオで、集中と解放を調整

毎朝パソコンの前に座ると、まずはじめに「ラジコ」を立ち上げます。月曜日から木曜日までは、J‐WAVEを。ブルートゥースで飛ばして、BOSEのミニスピーカーを通して聞いています。パーソナリティの別所哲也さんの「おはよ～モーニング～!」という元気な声を聞くと、「よっしゃ～!」とスイッチが入ります。仕事をする時には、いつも何かしらの音が流れていないと落ち着きません。し～んと静かな中では、逆にいろんな考え事が浮かんできてしまい、集中できないのです。かといって、ラジオの内容を聞いているわけでもない……。隣にデスクを並べて仕事をしている夫が「今のさあ～」とラジオの内容について語り始めても「は? なんのこと?」とチンプンカンプンなこと

がほとんどです。

でも、時々「わあ、いい曲だなあ〜」と思う音楽が流れてくることがあります。そんな時には、すかさずJ-WAVEのウェブサイトで「オンエア曲」の欄をチェック。すぐさまiTunesでダウンロードしたりします。いつも直感で選ぶので、私のiTunesの中は、まったく脈絡のないリストが詰まっています。

文章を書く時、私が無意識のうちに気にしているのがリズム感です。時折、編集者が入稿の際に文字数調整などのため、原稿の語尾を少し変えていたりします。校正の時にチェックすると、人が手を入れたところは必ずわかります。そこだけ文章のリズムが違うから。意味はまったく変わらなくても、読み進める時に気持ちがいいリズムが、私にとっては大事なのかもしれません。聞いてはいなくても、書いている空間に音楽がないと落ち着かない……というのは、どこかそんなところと関係しているのかもしれないなあと思います。

金曜日と土曜日、そして夕方から夜にかけてはなかなか気に入るラジオ番組がないので、iTunesで音楽を聞きます。日本語だと歌詞が耳についてしまうので洋楽を。流していることさえ忘れてしまう静かな音楽が多いよう。クラシックならバッハ、ジャズならキース・ジャレットやニーナ・シモン、そのほかジョン・メイヤーやハルカ・ナカムラなど、そのジャンルはバラバラです。

文章を書く仕事は、ずっとパソコンと向き合っているので、気分転換がなかなかできません。そんな時にラジオや音楽は大きな助けとなります。ふっと一段落した時、ラジオの内容が耳に入ってきます。どこか海外の街の話だったり、おいしいスイーツのレポートだったり、知らないミュージシャンのインタビューだったり。しばらく手を止めて「へ～！」「ほ～！」と聞き入ってメモを取ることも。そこで紹介されているものを、目の前のパソコンですぐに調べられるのもいいところです。アマゾンで本をポチったり、お店のホームページをのぞいたり。それは、私にとって書斎にいながらお散歩しているようなもの。少し遊んだら、また原稿に戻り、いつの間にかまた音やおしゃべりは聞こえなくなっていきます。

若い頃、ワンルームマンションに住んでいて、原稿の合間についついテレビをつけていました。はっと気づくと1時間、2時間が経ってしまうこともしょっちゅう。夜11時頃、ドラマなど私が面白いと思う番組がすべて終わってしまってから、やっと本腰を入れて原稿を書き始めていたなあと思い出します。あの頃の私は、なんて注意力散漫だったことでしょう！ 原稿を書かなくてはいけないのに書きたくない。その逃げ場がテレビでした。対してラジオは、正面から向き合わなくても、窓からの風のように「今やっていること」のすぐ横で、姿を消して流れていってくれるのがいいところ。

集中と解放。それを使い分けて、1日の中に自分だけのリズムを刻むことができるようになったら、ご機嫌に過ごせるのかもしれません。

洗濯物を干しながら、毛穴を全開にして空気を浴びる

3年ほど前から必ず毎日洗濯するようになりました。理由は毎朝、お風呂を掃除してバスタオルで水分を拭き上げるようになったから。濡れたバスタオルをそのままにしておきたくなくて、毎日洗濯機を回すようになったのです。

私は洋服をクリーニングに出すことは滅多になく、シャツもウールのパンツもカシミアセーターもすべて家で洗います。さすがにウールやカシミアは、別にオシャレ着用の洗剤で洗いますが、その他はすべて一緒に。衣類は、外出から帰宅して脱いだら、「無印良品」の洗濯ネットに入れて洗濯機へポイ！　このネットがとても大事。黒やネイビーの服はそのまま洗うと白い糸くずがつきがちです。でも、細かい網目のネットはそれを完璧にシャットアウト。濃い色の

靴下も、必ずSサイズのネットに入れて洗うようになりました。

　朝起きると、半身浴をし、お風呂を掃除して、ストレッチをしてから、そのストレッチ用Tシャツも洗濯機に放り込み、スイッチを入れます。そのまま仕事に取り掛かり、1時間ぐらい経つと、お腹がすいてギュウと鳴ります。ちょうどそれぐらいに洗濯が終了しています。朝食がわりの果物を食べる前に、洗濯物を干し始めます。

　時間がない時には、なかなか面倒くさいものですが、私はこの洗濯物を干すという作業が嫌いではありません。さっぱり洗い上がったシャツをハンガーにかけ、タオルはピンチハンガーに1枚ずつ吊るし……。洗濯カゴの中でからまった洗濯物をほどきながら、パシッと伸ばし干す。黙々とその作業を続けていると、こんがらがっていた自分の頭や心まで、整ってくる気がします。

　毎回1枚ずつ洗濯物を手に取りながら「家事って時間がかかるよなあ」と思います。どんなに急いでも、洗濯物を干す時間を極端に縮めることはできません。早く終わらせて、またパソコンの前に戻りたくても、必要な時間は必ず必要なのです。つまり、降参しなければ仕方がないということ。こうやって無理やり仕事をシャットダウンされることで、私は「暮らし」という土台に足を下ろすことができているような気がします。

家の中ですべての洗濯物をハンガーとピンチハンガーにかけたら、それを持って庭に出ます。物干し竿に干してやっと終了。庭に出ている時間はほんの1～2分です。でも、このわずかな時間で、毛穴を全開にして「外」をチェックします。まずは、「今日は風が涼しいなあ」とか「光が明るくなってきたかな」と肌で感じることを。次に、夏は「ミントの葉がもりもりと元気よく茂ってきたなあ」とか、秋には「紫式部がぷっくりと蕾を膨らませてきたなあ」と、目に見える小さな変化を。

2年ほど前に奈良の「秋篠の森」で買ってきたヤマシャクヤクを庭に植えました。次の年には咲かなくて、今年やっと1輪の大きな花が咲き、その嬉しかったこと！　蕾を見つけてから、今日かな？　明日かな？　と心待ちにしていたのですが、ある日洗濯物を持って廊下に立った時、窓の外に真っ白で気高いその姿を見つけて感動！　自分の庭に花が咲くって、どうしてこんなにも嬉しいんでしょう？

特別植物好きというわけでもないのに、春先に白いコトブキが1輪花開いた時にも、冬の冷たい空気の中、クリスマスローズの蕾を見つけた時も、毎年その自然の営みに心が躍ります。1年経ったら必ず花が咲く。1年経って咲かなくても、2年後には咲く。その確かさに、感動するのかもしれません。青空の下で洗濯物を干しながら、自分の手が届かないところにあるエネルギーの素《もと》から、パワーをもらっている気がします。

白湯を飲むのは、
体内をきれいにして感度を上げるため

昼食をゴールに見立て、
午前中は「やるべきこと」より「やりたいこと」を

仕事を始める前にハンドクリームを。
意志の力でなく、
香りで「やる気スイッチ」オン！

お茶を飲むことは、
上手に自分のご機嫌を取る
ひとつの方法

お風呂のフタの上で広げるノートは、
心に留めた大切なことを垂れ流しにしないため

自分の体にベストな朝食にアップデートする

朝起きてストレッチをし、ホームページ「外の音《ね》、内の香《か》」を更新すると、だいたい8時ぐらいになります。そこから洗濯物を干したら、朝ご飯を食べます。と言っても、食べるのは果物のみ。朝に大好きなパンを食べなくなって3年ぐらいが経ちます。きっかけは取材で「朝は排泄の時間だから、果物だけにした方がいい」と知ったことでした。本当はパンが大好きだから、食べられないのはつらいのですが、果物だけにしてから、朝の仕事のパフォーマンスがぐんとよくなりました。炭水化物を食べないことで、眠くならず、原稿がさっさかはかどります。便秘気味だったのに、お通じもよくなり体調が整いました。

実は私の朝ご飯には、さまざまな変遷があります。つい半年前までは、スムージーを作って飲んでいました。バナナ、みかん、りんご、「カルディコーヒーファーム」で売っている冷凍のベリーミックス、小松菜、豆乳をジューサーにかけると、ベリーの効果で美しいいちご色のスムージーが完成します。これがおいしい！　なのに、これをやめたのは、パーソナルトレーニングのトレーナーに、「スムージーは体を冷やすし、それよりは果物をそのまま食べた方がいい。口を動かし、嚙んで食べることが大事なんです」と言われたから。

取材でいろいろな方と出会うので、そこでピピッときたことを家へと持って帰りすぐに真似してみます。だから、やっていることがコロコロ変わる……。朝食スタイルも、幾度となく変えてきました。新しいことに出会って、今までの習慣を変えたら、生活にどんな風が吹くのだろう？　と観察し、実感し、発見することが大好きです。

ひとつ習慣を変えると、それに紐づいていろんなことが変わってきます。スムージーを作るか、生のフルーツを毎日食べるかで、スーパーでの買い物の仕方が変わるし、冷蔵庫の中身も変わる……。そんな体験を繰り返しながら、生活って「回す」ものなんだよなあといつも思います。ここまでやったら終わり、というゴールはなく、永遠に同じことの繰り返し……。朝食以外にも、毎朝掃除をしたとしても、1日経てばホコリが溜まるし、どんなご馳走を作っても、翌日になればまたお腹がすきます。仕事もしながら、暮らしに必要な掃除、洗濯、ご飯作りという日々の家事を「回す」というのが難しい……。

そこで大事になってくるのは、それぞれを完璧にやることではなく、すべてを並列に並べて、途切れさせずに続ける「システム」を作るということ。つまり、4日に1度バナナを買いに行き、夏はそれが長持ちするように、1本ずつ新聞紙で包んでから冷蔵庫で保存する、ということ。新聞紙に包めば、冷蔵庫の中でバナナが黒ずむこともないのです。こんな「システム作り」こそ、暮らしのいちばんの楽しみじゃないかと思います。

若い頃は、「できないこと」は努力して「できる」ようにならなくちゃと思っていたけれど、今は、「できない自分」を責めないで、私に「できること」を見つけよう、と思えるようになりました。壁にぶち当たったら、ドンドンと叩いて打ち壊すより、ちょっと横に逸れてみて、回り道を見つけて向こう側に行ければいい。

「できること」をひとつずつ見つけて、時間軸の上に並べ、毎日を心地よく過ごせるように、頭を使い考えて、ちょっと違うなと思えば工夫を加えて別の方法を試してみる。その繰り返しが「暮らす」ということなんだと思います。そう考えれば、暮らしって、なんて知的な営みなんだろう！　と思うのです。

昼食をゴールに見立てて、午前中を「とっておき」の時間にする

朝、書斎に入ってまずは、自身のホームページを更新します。その次に、今の私にとっていちばん大事にしたいエッセイなどの原稿の執筆を。1本書いたら、その次には雑誌などの原稿を。なるべくアポ取りやメールの返信などの雑務は入れず、午前中はひたすら「書く」ことに集中します。

11時ぐらいになると、さすがに疲れたり、飽きてきたりして、だんだん集中力がなくなってきます。そしてお腹がクウと鳴ります。そこでもうひと頑張り！　12時になると、「よし！」とキッチンに向かい、昼食の準備を始めます。つまり、私にとって昼食は午前中の仕事の「おしまい」であり「ゴール」でもあるのです。「大好きなバタートーストを食べるまでに、これを終わらせよ

う!」と思いながらガンバルというわけです。

キッチンに立つと、まずは直径18センチのミニオーバル鍋に野菜と鶏肉と塩麹、カップ1杯の水を入れて火にかけます。この間に冷凍しておいたパンを解凍しトースターへ。バターやジャム、コンポートやヨーグルトを食卓に運び、紅茶を入れます。準備が整う頃、野菜スープが完成! こうして、大好きなものばかりをそろえたスペシャルランチが始まります。365日この同じ組み合わせでOK。1日の中で、この昼食時がいちばん幸せかもしれません。

この昼食を境に少し仕事のペースを緩めます。食べ終わった後は、眠くなるのでソファで昼寝をすることも。そのあと掃除に取り掛かったり、アポイントを入れたり、取材の準備をしたり。午前と午後で仕事のモードを変える……。これは、私が自然に習得した仕事の配分です。

かつては「気になる仕事」から手をつけていました。このアポを早く入れなくちゃ。この企画書を早く出さなくちゃ。その日起きて、思いついた仕事を思いつくままにこなしていくと、つい「本当は大事なのに、緊急ではない」仕事が後回しになります。エッセイなどの執筆は、締め切りが1か月、2か月先だったりします。そうすると、つい後回しにしてしまう……。でも、私にとってそれはいちばん大事にすべき仕事なのです。

目の前にやってくる「やるべきこと」だけに追われていると、本当に「やりたいこと」が見えなくなってしまいます。でも、そのモードチェンジをすることはなかなか難しい……。なぜなら「やりたいこと」は、誰にも強制されず、誰にも評価されず、やらなくても、誰にも文句を言われないから。

まず「やりたいこと」から手をつけるのは、とても勇気がいることだと思うのです。仕事のノルマ、いい母、いい妻だと言われるための掃除や洗濯……。そんな自身の評価をアップさせるであろう「やるべきこと」を手放して、心から「やりたい」と思うことだけに正直になるには、強さが必要です。すべての時間を費やすのは無理だとしても、「ここからここまで」と決めた時間だけ、「やりたいこと」を優先してみる。それは、自分の人生のハンドルを自分で握るためにとても大切なプロセスなのだと思います。

毎日は「やらなくてはいけないこと」で溢れています。何が大事かさえ、「あそこに間に合わせるため」「あの人に怒られないため」と、自分の外側へ選択の基準を預けがちです。私も、仕事に追いかけられ、焦ったりイライラしたりして「やるべきこと」にのっとられることもしょっちゅう。

そんな日々の中で、時間を区切り「ここまではコレをする」と決めてしまうことはなかなか有効。時間という枠組みの中に「いちばん大事なもの」を入れて守る。その先にご褒美のように輝いているのが、私のランチタイムなのかもしれません。

お茶を飲みながら、頭と心に小休止を

自宅にいると、四六時中温かい飲み物を飲んでいます。朝目覚めてすぐは白湯を。そのあと、気分に合わせてコーヒーや番茶を。お昼には、パンを焼き、熊本の「天の紅茶」を入れます。ポットの飲み物がなくなれば、その都度ストックの中から好きなお茶を入れます。以前は「紅茶はリーフティーでなければ！」と無理していたけれど、最近では「ま、いいか」とティーバッグを愛用。ティーポットにポンと放り込み、お湯を注いで、書斎のデスクの上に運び、ちびちび飲みます。

忙しい毎日の中では、特別に「ティータイム」として時間を取ることはできません。だから私のお茶時間はいつもパソコンに向かいながら。それでも、紅茶専門店「ウーフ」の「アンバー」を入れれば、ほのかなローズの香りが鼻に抜け、「ティーポンド」の「プリンセス ライチ」を入れれば、ライチのほんのり甘く、エスニックな味と香りを楽しむことができます。ほぼ無意識に、傍に置いたカップを口に運び、なくなればまたキッチンに立ち、新しいお茶を入れるだけ。それでもすぐ手が届くところに、好きな飲み物があることは、自分で思っている以上に、心を穏やかに保ってくれているよう。

場所を変えて、どこかの編集部やホテルの部屋などで原稿を書く時、パソコンを広げてしばらくすると、「あ〜お茶が欲しい！」と切実に思います。私はきっとお茶なしでは、原稿を仕上げることができないのかもしれません。自由にお茶を手に入れることができない環境に身を置いて初めて、「お茶」の持つ静かな力を思い知るのです。

人生の後半にさしかかって、「今まで」より「これから」の時間の方が短いんだ、と気づくと唖然としました。私は今まで何をやってきたのだろう？ 確かに仕事を頑張ってきたけれど、それが何になるんだろう？ もっと大事なことがあったんじゃないか？　人生を楽しむことにもっと時間を使った方がよかったんじゃないか……。

今日まで続いてきた生活を急に変えるわけにもいきません。私は私の生活を、どうしたら豊かにできるのだろう？　そう考えた時、「あ、お茶かも！」と思ったのです。いきなり「週末は必ず休む」と決めるわけにはいかないし、仕事の量を半分にすることもできない。だったら、せめて仕事の合間においしいお茶を飲もう。それが、今の私にできることかな、と思い至ったのでした。

「100点」はとれないけれど、「自分ができること」をまず手がけてみよう……。これは、負けず嫌いの私にとって画期的な出来事でした。50点、60点でも、やらないよりやってみる方がいい。必ず何かが変わるし、この手に受け取るものがある。それは、決して「負け」ではないのだと……。

暮らしを豊かに楽しむために、今の私が唯一「できること」が、仕事帰りにコーヒー豆や、お気に入りのティーバッグを買い、ストックしておくことでした。そうして、仕事をしつつ「ながらティータイム」を過ごす……。私は原稿を書きながらお茶を飲むことで、力を抜き、心を休め、「さあ、もうひと頑張り！」とアイドリング状態からアクセルを踏むのだと思います。

暮らしの中の「けじめ」というと、「何かをスパッとやめて新しいことを始める」といったイメージですが、そんなことはなかなかできません。だったら自分なりの「無理をしないけじめ時間」を作ればいい……。お茶を飲むことは、忙しい日々の中で、上手に自分のご機嫌を取る方法のひとつなのだと思います。

夕ご飯の準備をしながら、頭と心を巻き戻す

夕暮れ時、ハッとパソコンから目を離すともう6時。慌てて自転車をかっ飛ばし、近所のスーパーに買い物に行きます。「もうちょっとで原稿仕上がるのになあ」と思っても、夕暮れの街を自転車でビュンビュン走っているうちに、パチリとスイッチが切り替わります。家々の灯《ひ》がともり、焼き魚や煮物の香りがぷ〜んとしてくる……。私はそんな時間が大好きです。

若い頃「美しい部屋」というインテリア誌の取材で、日本全国行ったことがない都道府県はないというぐらいあちこちに取材に出かけました。主婦のみなさんが、カラーボックスにレンガシートを貼ったり、窓にレースのカフェカーテンをつけたり……と工夫している様子を取材しました。センスの良し悪しと

いうよりも、「少しでも明日が楽しくなるように」と部屋作りに精を出す。そんな姿にいろんなことを教えていただきました。

取材の帰り道、電車に揺られていると、街にポツンポツンと電気がともっていきます。そんな様子を見ながら、「ああ、あの灯《あか》りの下では、どんな家族がご飯を食べているんだろうなあ」と想像を巡らし「小さな灯りの数だけ、幸せがあるんだよなあ」と胸がキュンとしたことを覚えています。私が夕暮れが好きなのは、その延長線上に理由があるのかもしれません。

仕事が立て込んでいると、近所の行きつけの居酒屋さんに駆け込むこともしょっちゅう。でも、できれば家で作って食べたいと思っています。買い物に行って、荷物がいっぱい詰まったエコバッグをキッチンにどさりと置く時には、毎日「あ〜、めんどくさ！」と思います。だから、いつも料理を始める時の私は不機嫌極まりない！　でも……。大根の皮をむいているうちに、鶏肉に塩と胡椒をふっているうちに、だんだん心が穏やかになってきます。そして「できたよ〜」と夫を呼ぶ頃には、ついさっきまでイライラしていたこともすっかり忘れて、「あ〜、お腹すいたね〜」とニコニコしながら食卓につくのです。

家でご飯を食べるよさは、この「モードチェンジ」にあるのだといつも思います。外食だとラーメンなど炭水化物メインになったり、野菜が食べられなかったり、味が濃すぎたりと、いろんな「気に入らないポイント」があるけれど、それにも増して足らないのは、作って↓食べるというプロセスの中に潜む「巻き戻し機能」であるような気がします。

野菜を刻んだり、卵を溶いたり、合わせ調味料を作ったり……。そんな作業をしながら、私は仕事とは別の脳のパーツを使っているよう。家での夕飯は自分の手を動かさないと食べられません。そこが面倒くさいんだけれど、逆に、手を動かせば必ずご飯ができる、という確かさがあります。

仕事で雑誌や本を作ってはいるけれど、実際の毎日の仕事は、文章を書いたり、デザインを発注したりと、ひたすら頭を使い、想像力を働かせて、見えないハードディスクにインプットするような作業です。対して夕飯作りはとても原始的。大根を煮れば柔らかくなるし、肉や魚を焼けば焦げ目がつく……。そんな当たり前のことが、人間としての基本機能へと立ち返らせてくれるように思うのです。

どんなに面倒くさくてげんなりしても、買い物に行き、キッチンに立ち、その日のおかずを作って食べれば元気になれます。原稿がうまく書けなくても、作った本の評判がイマイチでも、人間関係がうまくいかなくても、いつもの作り慣れたおかずは、いつもの通りおいしい！　自宅でご飯を作って食べる、という時間は、私にとって、足元に必ず自分を支える地面がある、という確認作業であるのかもしれません。

朝、昨日の器を片付けながら、「今」に向き合う

我が家では夕飯の後、器や鍋を洗ったら、すぐに片付けずに食卓や、キッチンワゴンの上にずらりと並べたままにして寝ます。土ものの器はもちろん、ザルや鍋もなるべくカラリと乾かしてからしまいたいので。翌朝はまず、起きて、半身浴をし、洗濯機のスイッチを入れたら、器や調理道具を片付ける作業から始めます。まだ辺りがしんと寝静まっている中、アルミのやっとこ鍋を入れ子に重ね、ボウルとザルをセットしてシンク下へ。昨日肉じゃがを盛り付けた大皿類を食器棚へ。「慌ただしい朝に、しまうのは大変じゃない？」と言われるのですが、私はこの作業がなかなか好きなのです。

キッチンの窓から差し込む朝日でピカ〜ンと光ったボウルを、食卓の上に整

然と並ぶ器やカトラリーを、ひとつずつ手に取って、所定の位置に戻すという単純作業を続けると、不思議に心が整っていくような気がします。

僧侶が境内や庭の掃除をすることを「おつとめ」と呼び、その根底には「今に打ち込む」という精神があるそうです。そうか！　あの朝の片付けの気持ちよさは、私の心が「今」に戻ってきたからなんだ、と思い至りました。今日の取材のことも、今度会うあの人のことも、これから作る本のことも気になるけれど、「今できること」は、たった一つだと。

原稿を書いたり、引き出しを1個整理したり、フォトショップの使い方を学んだり。「あれもやりたい」「これも学んでみたい」と思うのだけれど、実際に何かを始めてみると、ちっともはかどらないことにあっけにとられます。1時間ぐらいでチャチャッと書けるかな？　と思っていた原稿が、ああでもない、こうでもないと悩み、1日経っても仕上がらないことも。引き出しの整理を始めてみたら、「ここに小物を分類する小さな箱があった方がいいな」と思いつき、サイズを測り、買い物に行き……と、半日以上を費やしたりします。

私は幾つもの仕事を掛け持ちしているので、しばしば「私って要領いいかも」という錯覚に陥ります。ところが、実際は真逆。いざ一つのことを始めると、自分の不器用さに途方に暮れます。仕事をするにも、心地いい暮らしを作るにも、自分の可能性を広げるための学びにも、ものごとにはそれをやりこなすために「絶対的に必要な時間」というものが存在するんだ、ということがようやく最近わかってきました。その「時間」を短縮することはできない……。

もちろん、世の中には時間の効率的な使い方のノウハウ本がたくさん出回っています。私も、どうしたら時間が生み出せるのか、としょっちゅう考えています。でも、時短テクのほとんどは、24時間という自分の持ち時間の中から、いかに「無駄な時間」を追い出して、「本当にやりたいこと」に時間を使えるようになるかという工夫です。つまり、「これ」と決めた、自分にとって大切なことに費やす時間は、やっぱりそれなりにかかるのです。

50歳の誕生日を迎えた時、「生きられるのは、あと30年ぐらいなのかな?」と、突然残り時間が気になり、足元がす〜す〜する不安を覚えました。人生の残り時間の方が少なくなったと自覚した日、「やりたいことは、今すぐやっておかないと、やらないで終わってしまう！」と強く思ったのでした。

残り時間は少ないし、やりたいことをやるためには時間がかかる。だったら私はどうしたらいいんだろう？　と考えた時、唯一の答えが「今できることを淡々とやる」という当たり前のことでした。若い頃から、すぐに結果が出ないとイヤなタイプでした。今でもその性格は変わらないけれど、そんなせっかちな私でも、時間をかけてしか生み出せないものが、いかに心を満たしてくれるかを一度知ったら、腹を括って「今」に向き合うしかない、と思えるようになりました。

毎朝の片付けは、手のスピードでしかできないことを思い出し、先へ先へと走ってしまう心を「今」に戻すために、なくてはならない時間になっています。

「気分屋」の自分を操って、1日の終わりにキッチン周りを掃除する

1日の終わりにガスコンロやシンク周りの掃除をします。まずは、シンク内を洗い、五徳を外してコンロ周りを洗い、固く絞ったふきんで拭きます。この時、コンロ周りのステンレスの壁が油で汚れていたら、エタノールをシュシュッとかけてひと拭き。いちばん汚れやヌメリがつきやすい排水口トラップを外して洗い、ゴミ受けバスケットを洗って、これは再度はめ込まずに朝までシンクの上に出しっぱなしにして干しておきます。水切りかごと洗剤置きの水気をふきんで拭いて、専用のフックに吊るしてこちらも乾かしておきます。最後にキッチンクロスとふきんを煮沸して干し、終了です。もちろん、この一連の作業を毎日やる、というわけではなく、時にサボることも。

我が家では、食器は夫が洗ってくれるのですが、このシンク周りの掃除まではしてくれません。なので、食後ゴロゴロしている私は、お風呂に入る前にエイッと起き上がり、この作業に入ることになります。1日を終えてもうスイッチを切っているところに、再度立ち上がるのが大層面倒くさい！　でも「エイッ」と思い切って手を動かし始めると、案外サクサク進みます。スポンジを泡だてステンレスのシンクをクルクル洗い、煮沸したふきんを水洗いして、パンパンと伸ばして干したりしているうちに、さっきまでダラダラしていたのに、なんだか清々しい気分になって、ピカピカになったキッチンを見ると「よっしゃ！」とガッツポーズをしたくなります。

ただし、絶対にやらないといけない、と決めてしまうと、やらなかった時の罪悪感で、気分がどんより落ちてしまうので、疲れている時や、仕事が立て込んでいる時は、無理しない、と決めています。取材で帰りが遅くなる日が続くと、どんどんキッチンが油汚れでギドギドしていきます。でも、それはそれで仕方がない。また時間ができて、張り切りモードでキッチン掃除をすれば、きれいに復活するんだから、とおまじないのように唱えながら、キッチン横を素通りすることにしています。

ただ、不思議なことに、原稿の締め切りに追われていたり、切羽詰まっている時には、意外に1日全体がテキパキモードになっていて、キッチン掃除まで一気に片付けてしまう日が多いよう。今日の用事は今日中に片付けておかないと、明日はまた明日の仕事がある……。そう思うと、自然に体が動きます。反対に「あ〜あ、もう今日はいいか」とあきらめるのは、中途半端に時間に余裕がある日。気分が一気に弛緩して、仕事も暮らしもいまいちピリッとせず、「明日やればいいや」と後回しがどんどん増えていきます。

私はこんな風に多分に「気分屋」なので、同じことを淡々と続けることができません。張り切ってやったり、やらなかったりと、毎日はまだら模様。でも……。2〜3日サボるからこそ、「よし今日こそ」と自分を奮い立たせ、キッチン掃除を最後まで完走した日には、なんともいえない爽快感をいつもの2割増し、3割増しで味わうことができます。さっぱり拭き上げたキッチンに、煮沸して真っ白になったふきんが干してある……。その風景を見るたびに「ああ、やっぱりやってよかった！」と満足感を味わうことができるのです。

だとすれば、サボることもなかなかいいことじゃないか、と思えてきます。サボる日があるから、「やった日」の爽快感をより深く味わうことができる！そんな自分勝手な定理を作り、ひとり「よしよし」と自分を褒めてあげる。そうして、また自分のエンジンをかけ直します。キッチン掃除は、私にとって「気分屋」の自分と、いかに仲良くするかという工夫の時間なのかもしれません。

1日の終わりと始まりに、体重を測る

夜、お風呂から上がった後と、朝、お風呂掃除を終えた後に素っ裸になって体重計に乗ります。同じような毎日を送っているのに、驚くほど数字が変化するから不思議。ちょっと外食が続いたり、甘いものや炭水化物を取りすぎたり、ちゃんと便通がなかったりすると、途端に1~2キロ増えてしまいます。「あれ？　昨日何を食べたっけ？」。足元の数字を眺めながら、昨日を振り返ることもしょっちゅう。

朝は夜より1キロぐらい減るのが、ちゃんと新陳代謝ができている証し。数年前に、フィットネスジムでマシーントレーニングをしていた頃は、なんとこの数字が逆転しました。朝になると体重が増えているのです。慌ててトレーナーに聞いてみたら、運動をして筋肉量が増えるからなのだとか。きちんと筋肉がつくと、代謝力がアップしてある時期からスルスルと体重が減っていきました。

自分の体の中で何が起こっているかが、体重という数字に表れる……。これって面白いことだなあといつも思います。確かに自分の体なのに、フタを開けて中身を見ることはできません。それを知る目安になるのが体重だというわけです。数字を見ながら「これはいかん！」と、軽めの食事にしたり、スーパーで苺大福を見かけても「がまん、がまん……」と買うのをやめたり。朝晩の体重測定は、その日の行動の小さな指針にもなります。

「自分」というわけのわからない存在を、数字によって見える化する。それは、なかなか有効な方法だと思います。みんな自分のことはなかなかわからないもの。大胆なんだけれど傷つきやすい。大雑把なんだけれど、あるところだけは繊細。相反するものを併せ持ち、昨日と今日、1年前と今では考え方も気持ちも刻々と変わります。「私っていったい何者なんだろう？」といくら考えても答えにたどり着きません。

そんな中で、唯一頼りになるのが、自分を測る数字。それは体重だけでなく、たとえば、「この仕事をするのにどれぐらいかかるだろう？」という「日数」や「時間」だったり、「1か月の食費はどれぐらい必要かな？」という「金額」だったり、「今、持っている服の数はどれぐらいだろう？」という「枚数」だったり……。たかが「数字」ですが、いつもの仕事にかかる時間を実際に測ってみたり、どんぶり勘定だった家計の中で、食費だけを記録してみたり、クローゼットの服の数を数えてみたら……。

1～2時間で終わると思っていたのに、実際には4時間もかかっていたんだ！とか、こんなに食費にお金を使っていたなんて！など、びっくりするような事実が判明します。

さらに、そんな事実から、自分の癖が把握できたり、考え方の傾向が見えてきたり。どうやら「数字」は思っていた以上に雄弁なよう。

「自分」というものを、冷静に客観視する機会はそうそうありません。「自分を知りたい」と思ったら、考えていることを書き出したり、心を穏やかにして瞑想してみたり……とつい「見えないこと」にフォーカスしがち。それはそれでとても大切な時間だとは思うけれど、時には「嘘をつかない数字」で、無情に自分をジャッジしてみるのもなかなか効果的。

体重計に乗ると、右足と左足の親指の先に、液晶ディスプレイの数字が表れます。1日の始まりと終わりに私が測っているのは、私の暮らしそのものなのかもしれません。

お風呂のフタの上で、1日を振り返る

1日の終わりに、湯気のたった湯船に身を沈めると思わず「は〜」と声が出ます。冷え性なので、入るのは寝る直前。このお風呂からベッドに入り寝入るまでが、至福のひとときです。お風呂に持って入るワンセットがあります。タオル、本、ノートとペン、歯ブラシの5つ。

まずはお風呂のフタを広げ、その上にタオルを敷いて準備完了。湯船に浸かりながら、ノートを広げます。これは、前田裕二さんの『メモの魔力』（幻冬舎）を読んで始めた習慣。普段、本を読んだり、誰かと話をしながら、ふと心に留まった言葉や文章をメモしておきます。そして、お風呂タイムに読み返し、思ったことを違う色のペン（青色）で書き込んでいきます。もちろんまったくメモをしない日もあるので、過去にメモした内容を読み返すだけのことも。私は、記憶力が恐ろしく悪いので、たった2～3日前にメモしたことも、「そうそう、そうだった！」と改めてうなずいたり、「なるほど～」と感心したり。つまり、たった10分ほどですがお風呂でのノートタイムは、私にとって、「過去を振り返る」時間になっているというわけです。

朝起きると、新しい1日が始まります。初めて行く場所、初めて会う人、初めて聞く音楽、初めて読む本……。いろんなものが目の前に現れて、それを受け止め、咀嚼《そしゃく》し、消化するだけで大忙し。でも、どんなに感動しても、日にちが経てばどんどん忘れていきます。せっかく心に留めた大切なことを垂れ流しにしないように……。お風呂のフタの上で広げるノートは、日々の「蓄積」のための大事なツールになっています。

その後の約10分間は読書タイム。普段電車の中などで読むより、温かいお湯に浸かりながらの方が、1行1行をじっくり味わえる気がするから不思議。平野啓一郎さんの著書に『本の読み方』（ＰＨＰ文庫）という1冊があります。この中に書かれているのが「スロー・リーディング」のすすめ。1冊の本にできるだけ時間をかけ、ゆっくりと読む、ということです。つまり量より質の読書ということ。「速読家の知識は単なる脂肪である」という強烈な一文にアイタタタ！　と我が身を反省しました。仕事で読まなければいけない本も多く、つい要点だけをつまみ食いしてしまいがちなのですが、この平野さんの本を読んでから、なるべくゆっくりゆっくり……とページを繰るようになりました。

最後に歯を磨いてから、湯船を出ます。お風呂で歯を磨くようになったのは、大雑把人間の私は洗面所でだと、ちゃっちゃといい加減にすませてしまうから。お風呂の中では、4～5分かけて隅々まできちんと磨くことができるようになりました。

ノートを見返し、本を読み、歯を磨く。お風呂の中でのこの3つの習慣に共通しているのが、「急いで前へ進まない」ということです。湯船に浸かることで、日中のテキパキモードのスイッチがオフになり、温かいお湯の中で別次元の時間の世界へと入っていけるような気がします。

私は幾つになってもなかなか自分に自信を持つことができませんでした。「これでよし」と自分にＯＫを出すことが大の苦手。まだまだ若輩者で、何にもわかっていなくて、学ぶことがたくさんあって……。ずっとそうやって言い訳をしてきた気がします。でも、「まだまだ」と思っているだけでは、人生が終わってしまう！　「まだ持っていない」ものを探すのではなく、「私は、何を持っているのだろう？」と点検し、「これとあれを組み合わせたらどうなる？」と考え、蓄えてきたものを、今度は「使う」人生を送らなくちゃもったいない！

そのために必要なのが、帆を緩め、減速し、じっくりゆっくり時間を過ごし、自分に向き合うということでした。とはいえ仕事をしていれば、どうしてもドタバタと過ごしがちです。だから、せめてお風呂の中だけでも「効率」や「成果」を手放して、前には進まず、「ここにあるもの」に向き合いたい。５つの道具を持ってお風呂のドアを開ければ、「時間」という枠の外側にある「もうひとつの時間」が始まります。

1日の終わりに、「いいこと」を思い出す

毎日元気に機嫌よく過ごすためにも、仕事をバリバリこなすにも、新しいことに「へ〜」と感動するにも、大事なのは、ぐっすりと眠ることだと思います。「このごろなんだか、いいことないよなあ」とか「どうして私ったらいつもこうなんだろう？」と、マイナスのことばかり考えるようになったら要注意。そんな時には、夕飯を食べ終わったら、早めにお風呂に入り、とっとと寝てしまいます。ぐっすり睡眠を取るだけで、翌朝目覚めたら、縁側から太陽の光が差し込むのを見て「なんてきれいな朝なんだろう！」と思える自分に変身しています。そして「どうして、昨日はあんなにクヨクヨ考えていたんだろう？」と不思議になるのです。睡眠ってすごい！

だからこそ、深く眠れるように工夫を凝らします。まずあれこれ試行錯誤して選んだのが枕。以前、枕が合わず、朝目覚めると肩がバリバリに凝っている……という状態に陥って、インターネットでいろいろな枕をチェックしました。そして、見つけたのが、今使っている「通販生活」の「メディカル枕」です。これは、枕の端は硬くて高さがあり、中央は柔らかくてくぼみになっているというもの。自分がフィットする部分を探して頭をのせれば、首筋や肩をしっかり支えてくれて、安眠ができます。

シーツは、イタリアリネンなど、あれこれ高価なものも試したけれど、今は「無印良品」のコットンシーツと麻のシーツを季節によって使い分けています。布団は、実家からもらってきた羽毛布団。実は、白いカバーはかけていたものの、中身はげんなりするような花柄でした。つい最近、打ち直しに出して真っ白な布団生地に取り替えてもらいました。羽毛も洗って整えてもらったら、フワッフワに。最近では、インターネットでオーダーすれば、布団袋を送ってくれて、それに入れて返送すれば、約1か月で、新品同様に変身した布団が届くので便利です。

もうひとつ、冬になくてはならないのが湯たんぽです。人は、足先や指先が温まらないと眠れないと言います。冷たい足のまま布団に入り、温まるのを待っていたら、冷え性の私は時間がかかる……。だから湯たんぽに助けてもらいます。昔ながらの陶器の湯たんぽにお湯を入れて、毛糸のカバーに入れ、お風呂に入る前にベッドにセットしておきます。お湯は、少しずつ冷めるのがいいところ。寝る前はホコホコですが、眠ってしまうと少しずつ冷めて、布団内が熱くなりすぎず、ちょうどいいのです。それでも朝までなんとなく人肌に温かい……。そんな自然の温度変化が体には合っている気がします。

最後に、ぐっすり眠るための大事なコツがあります。それが、その日あった「いいこと」を思い出すということ……。「暮らしのおへそ」の取材で教えてもらった習慣ですが、当初は「え〜、そんなことで何かが変わる?」と半信半疑でした。でも、その日ベッドに入って、「ちょっとやってみるか」と試してみたのです。

それまでは、ベッドに入って眠りに落ちるまで、「ああ、あれはもう少しこうすればよかったな」とか「あの人にあんなこと言われちゃったなあ」とか、ついつい マイナスのことばかりをぐるぐる考えていました。でも、無理やり「いいこと」を思い出してみたら……。「今日取材先でいただいたご飯、最高においしかったよな〜」「今日のテニスは楽しかったよなあ」。たったそれだけで、なんだか胸があったかくなるような、心の中がひたひたと幸せの波で満たされるような気分になって、その効果にびっくり!

人は「思い方」だけで、人生を変えることができるんじゃないか、と思います。若い頃は「いったいどうやったら幸せになれるんだろう?」とずっと考え続けていました。あの時は、何かと何かの条件が整ったら、幸せになれるんだと信じていた……。でも、歳を重ねた今、人は「幸せと思えば幸せなんだ」ということがだんだんわかってきました。同じことが起こった日にも、「悪いこと」を思い出すと悪い日になり、「いいこと」を思い出せばいい日になる……。できれば「あ〜、私って幸せ」と思いながら眠りに落ちたいなあと思います。

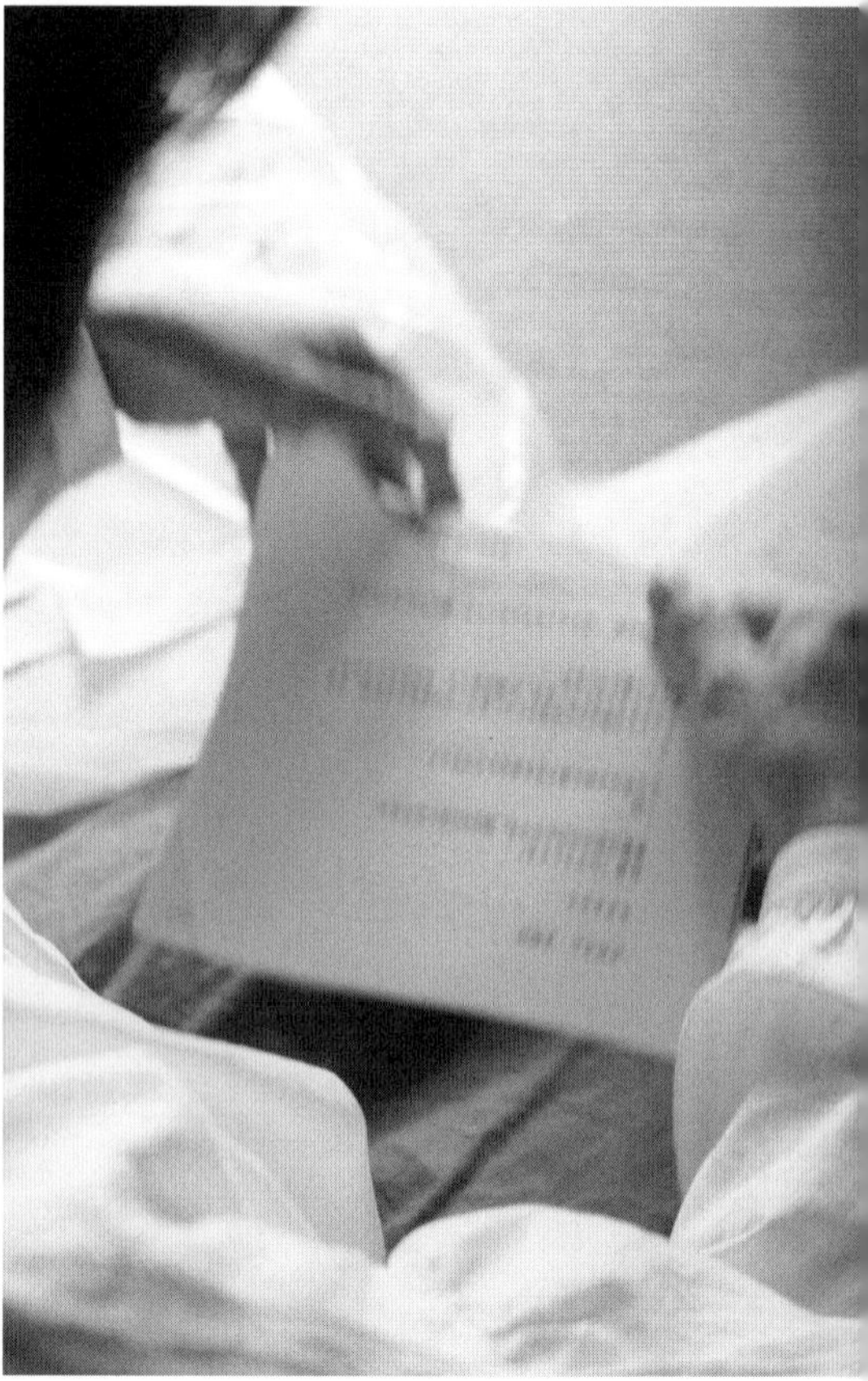

二章　日々の節目に

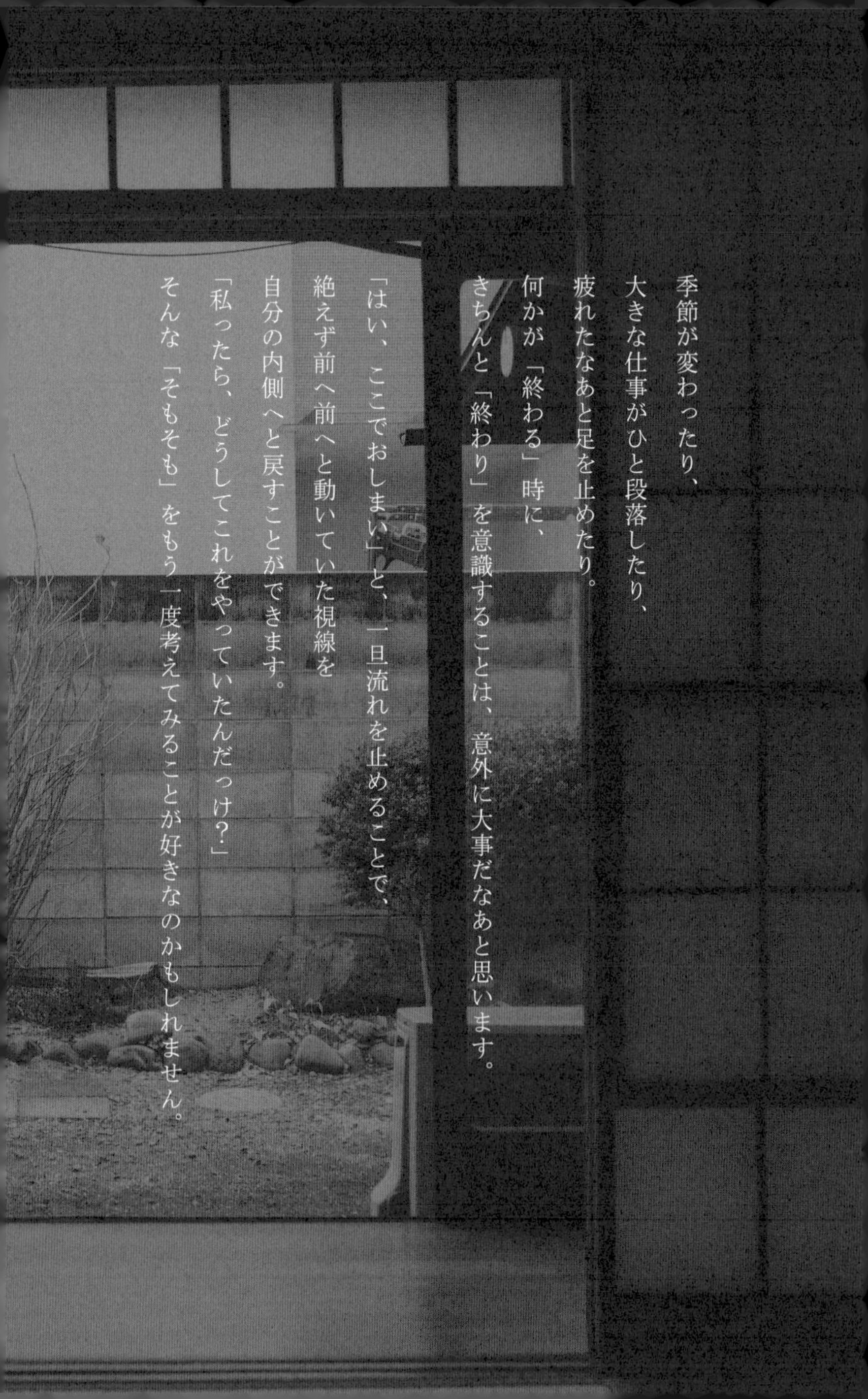

季節が変わったり、
大きな仕事がひと段落したり、
疲れたなあと足を止めたり。
何かが「終わる」時に、
きちんと「終わり」を意識することは、意外に大事だなあと思います。

「はい、ここでおしまい」と、一旦流れを止めることで、
絶えず前へ前へと動いていた視線を
自分の内側へと戻すことができます。
「私ったら、どうしてこれをやっていたんだっけ?」
そんな「そもそも」をもう一度考えてみることが好きなのかもしれません。

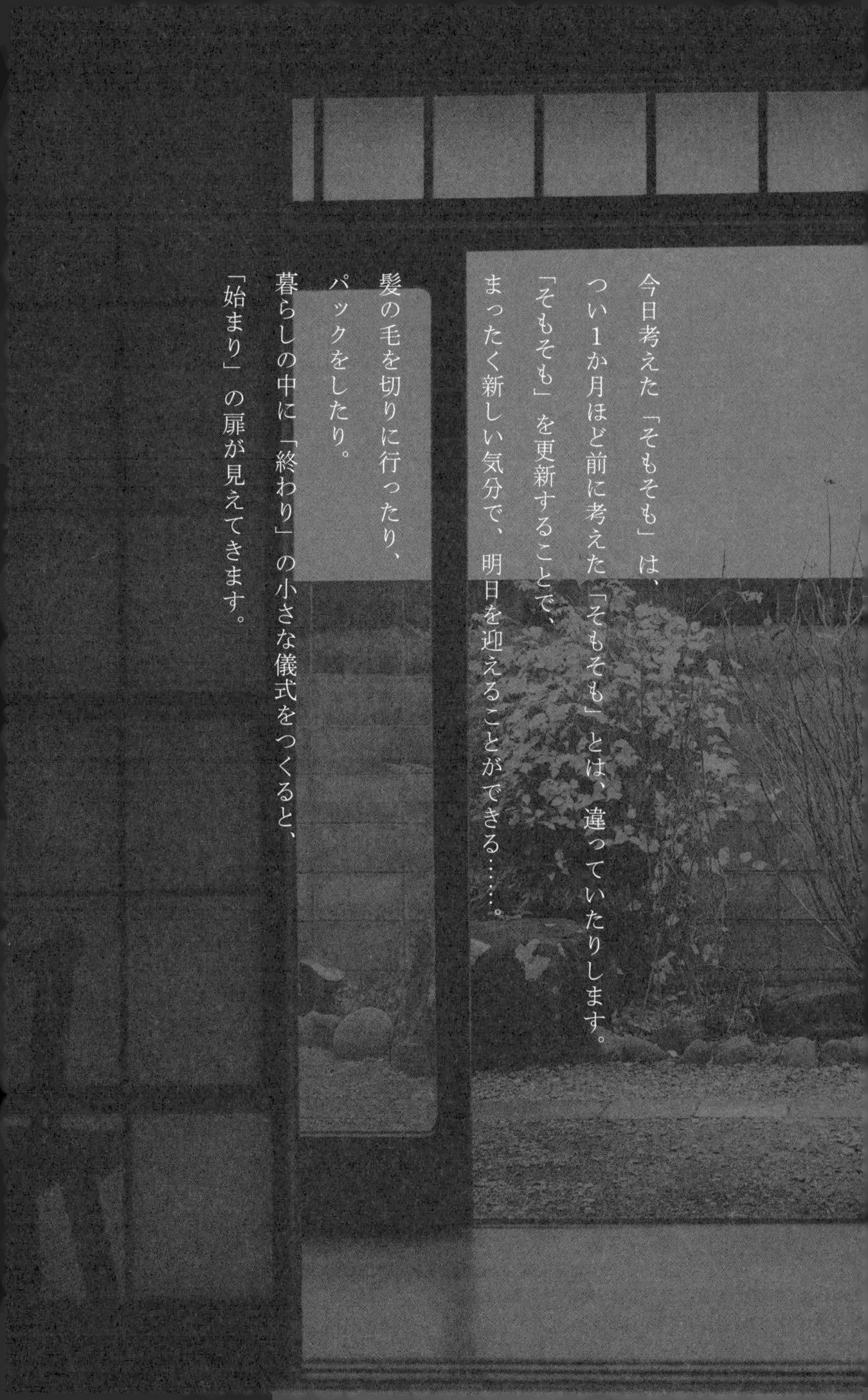

今日考えた「そもそも」は、
つい1か月ほど前に考えた「そもそも」とは、違っていたりします。
「そもそも」を更新することで、
まったく新しい気分で、明日を迎えることができる……。

髪の毛を切りに行ったり、
パックをしたり。
暮らしの中に「終わり」の小さな儀式をつくると、
「始まり」の扉が見えてきます。

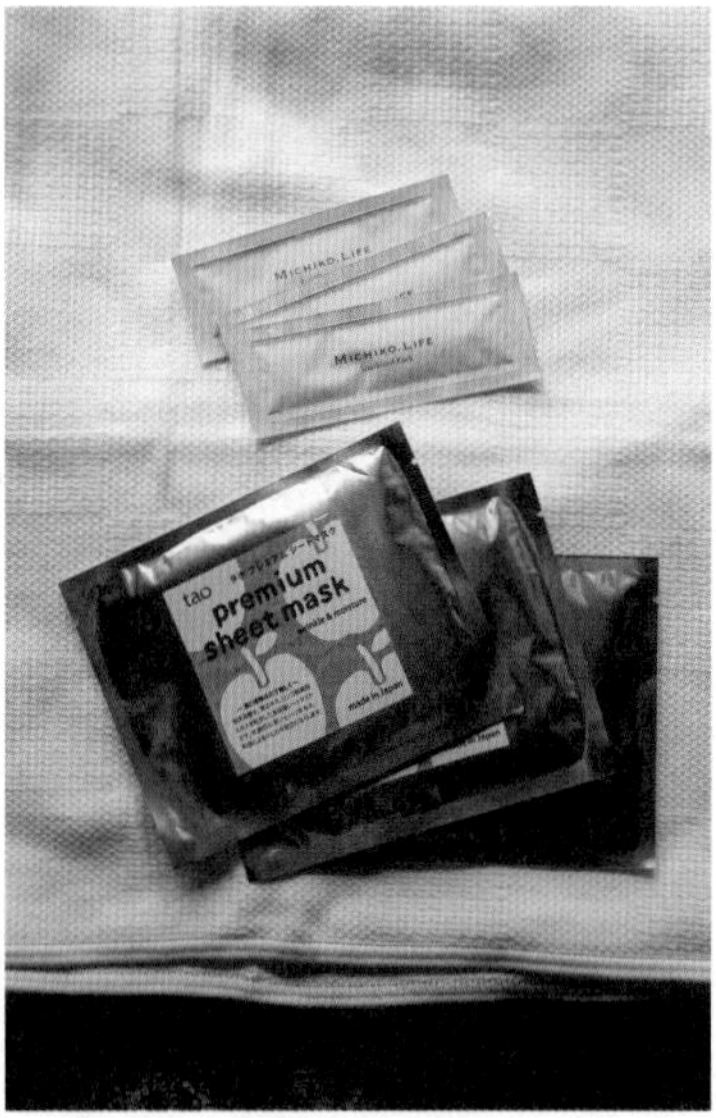

「スペシャル肌ケア」の
日をつくる。
肌が整えば、
心に艶が生まれる

仕事が一段落したら、
書類を捨てる。
暮らしの中にピリオドを打つことが大事

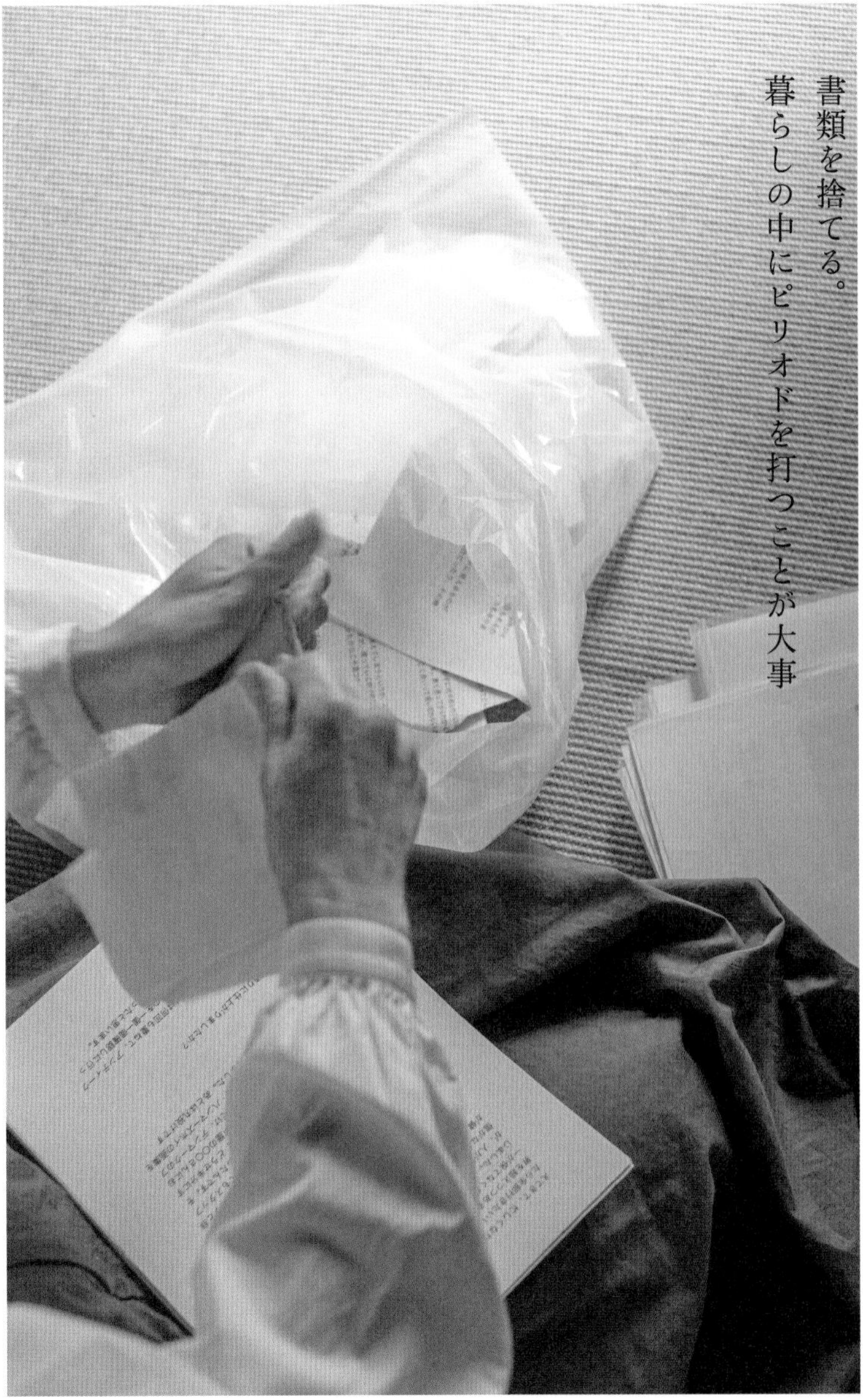

週末にシーツを洗い、ベッドの下を掃除

ベッドルームを整えるのは、生活の土台を整えること

やらなくちゃいけないのに、
やる気にならない。
そう感じたらまずは昼寝を

スペシャル肌ケアで、
肌と心に潤いを

大きな仕事が一段落した時や、ちょっと気分を変えたい時、自宅で「スペシャル肌ケア」に取り掛かります。かつては、大枚をはたいてエステサロンに行ったこともあったけれど、高価だし、時間もかかるので、最近はもっぱらセルフケアです。

40代後半から急に肌が敏感になり、今までの基礎化粧品が合わなくなりました。慌ててオーガニックなものに替えてみたけれど、いったいどれがいいのやら。少しずつ知り合いに教えてもらって使ってみて、ようやく今デイリーなケアが定着したところです。基本的にはオイルケア。最初は「オイルなんてべたつくし……」と敬遠していましたが、ブースター（化粧品の浸透率をあげる役目）として使うことを教えてもらい、オイルに対する意識がガラリと変わりました。まずはアルガンオイルを顔全体になじませ、その後ローズウォーターをシュシュッとスプレー。最後に「ソルーナ」の乳液でフタをして整えます。この方法にしてから、冬の乾燥する時期でも肌がしっとりするようになりました。

そして、「スペシャル肌ケア」の日には、これにパックをプラスします。「タオ」のプレミアムシートマスクは、りんごから採れた細胞エキスを使ったもの。お風呂上がりに、たっぷりの美容液を含んだシートマスクを顔にのせ、そのままベッドに入ります。30分ほどしたら外して乳液を。でも、そのまま寝込んでしまうこともしょっちゅう。翌朝、肌はふっくらもっちり。鼻の頭がピカ〜ンと光り、その効果を実感！

「暮らしのおへそ」でヘア・メイクアップアーティストの藤原美智子さんを取材させていただき、教えてもらったのが藤原さんのオリジナルブランド「MICHIKO．LIFE」の「スパークロイドパック」でした。これは、古い角質や、毛穴汚れを取ってから保湿するというもの。炭酸が配合されているので、ジェル状のパックを顔全体に広げると、しばらくしてパチパチと弾け始めます。この細かい泡が毛穴から汚れを掻き出してくれるのだとか。あとは洗い流すだけ。「ちょっと肌がくすんできたかなあ」と思うとこちらを使っています。

世の中には、驚くほど美容より、美容に詳しい人がいて、みんないろんな情報を知っているけれど、私は、おいしいものを食べることの方に興味があるというタイプ。あれもこれも、とケアをしないといけなくなると、途端に「あ〜面倒くさ！」と放り出したくなります。そんな私でも、パックを顔にのせるだけ、ならできる……。

「今更、この歳になってきれいになってもね……」と思うこともあるけれど、「スペシャル肌ケア」をした翌日に、「あれ？　なんだか今日、肌がツヤツヤだね」とか「色が白くなったんじゃない？」などと言われると、やっぱり嬉しくなります。そして、肌がちょっと「いい感じ」になっただけで、なんだか背筋を伸ばして堂々と歩ける気がします。

自分をケアするということは、自分を大事にしてあげることなんだよなあと

郵　便　は　が　き

料金受取人払郵便

代々木局承認

6948

差出有効期間
2020年11月9日
まで

1 5 1 8 7 9 0

203

東京都渋谷区千駄ヶ谷4-9-7

（株）幻冬舎

書籍編集部宛

1518790203

ご住所　〒
都・道
府・県

フリガナ
お名前

メール

インターネットでも回答を受け付けております
http://www.gentosha.co.jp/e/

裏面のご感想を広告等、書籍のPRに使わせていただく場合がございます。

幻冬舎より、著者に関する新しいお知らせ・小社および関連会社、広告主からのご案内を送付することがあります。不要の場合は右の欄にレ印をご記入ください。

不要

本書をお買い上げいただき、誠にありがとうございました。
質問にお答えいただけたら幸いです。

◎ご購入いただいた本のタイトルをご記入ください。

『　　　　　　　　　　　　　　　　　　　　　　　』

★著者へのメッセージ、または本書のご感想をお書きください。

●本書をお求めになった動機は？
①著者が好きだから　②タイトルにひかれて　③テーマにひかれて
④カバーにひかれて　⑤帯のコピーにひかれて　⑥新聞で見て
⑦インターネットで知って　⑧売れてるから／話題だから
⑨役に立ちそうだから

生年月日	西暦　　　年　　月　　日（　　歳）男・女			
ご職業	①学生	②教員・研究職	③公務員	④農林漁業
	⑤専門・技術職	⑥自由業	⑦自営業	⑧会社役員
	⑨会社員	⑩専業主夫・主婦	⑪パート・アルバイト	
	⑫無職	⑬その他（　　　　）		

このハガキは差出有効期間を過ぎても料金受取人払でお送りいただけます。

ご記入いただきました個人情報については、許可なく他の目的で使用することはありません。ご協力ありがとうございました。

思います。バタバタと仕事をしたり、朝の慌ただしい時間の中で掃除や洗濯をしたり、帰宅してすぐに夕飯の準備に取り掛かったり。1日を振り返ってみると、そのほとんどが、「自分を使う」時間です。使い続ければ消耗することはわかっているのに、意識をくるりと入れ替えて「自分を大事にする時間」を作ることは、なかなか難しい……。

だから、せめてパックをする間だけでも、自分を慈しんであげよう、と思います。そして「スペシャル肌ケア」の翌日は、なんだか新しい自分になった気がして、出会う人に対しても、優しい気持ちになれる気がするから不思議。肌も心も、「潤い」によって満たされていれば、一歩人に譲る気持ちを持つことができるのかもしれません。

1か月に1度髪を切りに行き、自分を定点観測する

1か月に1度美容室に行きます。私はショートカットなので、こまめに切らないと、なんだかボサボサした印象になってしまうので。さらに、1か月ほど経つと生え際に白髪がポツポツと出てきてしまい、それを染める目的もあります。20年以上同じ美容室で同じ担当者に切ってもらっているので、毎回友人に会う感覚で通い、あれこれおしゃべりするのも楽しみです。

仕事やビジネスの話からおしゃれ、メイク、スピリチュアルな話まで。時には、仕事の愚痴を聞いてもらうこともあるし、人間関係の悩みの相談にのってもらうことも。美容室って、日常の外にあるカプセルのような場所だよなあと思います。いつもの仕事がらみの人間関係とはまったく接点がないし、損得関

係もなし。かといって友人のような近しい間柄でもないし、ほどよい距離感があり、だからこそ話せることがある……。

女性にとって髪を切りに行くというのは、新しく生まれ変わる時間でもあるんじゃないかと思います。人の手でシャンプーをして、丁寧に髪を切りそろえ、トリートメントをしてセットをしてもらう。人の手というものは、思っている以上に癒し効果があるもの。美容室に行っている2〜3時間の間だけ、私だけに向き合って、私をきれいにしてくれる……。それは、とても幸せな時間です。

私がショートカットになったのは9年ほど前に「大人になったら、着たい服」という雑誌を立ち上げてからでした。25歳ぐらいまでは、ロングのソバージュヘア。その後は、肩より少し下ぐらいのセミロングでした。でもあの雑誌で、50歳、60歳という人生の先輩の取材をさせていただくうちに、かっこよく歳を重ねている人の多くがベリーショートだということに気づいたのです。

「あのさあ、このごろ取材する人がみんなショートヘアでさ」。ある日、美容室に行ってそんな話をしました。まだ自分の髪を切るなんて、まったく思っていなかったのに、話すうちに「じゃあ、切っちゃう？」「え？　う〜ん、どうしよう？」「切っちゃおうかな？」「よし、切っちゃおう！」といきなりショートへアになったのでした。

きっと取材をしながら、私はすでに胸の奥底で「私もショートにして、あの人たちみたいに、年齢にとらわれず、かっこよく生きたい！」と考え始めていたのだと思います。バッサリと髪を切る勇気がまだ持てなかったのに、美容室で「自分を変えたい」という思いの種を拾い出してもらった気分でした。

40歳を過ぎた頃から、無意識のうちになんだか焦り始めていました。フリーライターとして、そこそこ経験を積んできたけれど、雑誌の世界では、フットワークの軽い若いライターの方が使いやすかったりします。私が今までやってきたことってなんなんだろう？　キャリアを積むってどういうことなんだろう？　と悶々としていたのでした。でも、取材で出会った先輩たちは、みなさん堂々とおしゃれを楽しんでいらっしゃいました。若い時には、どんな服を着ても似合うものです。そして、服を選ぶ指針は、「モテたい」「素敵に見られたい」という他人の目線だったりします。でも……。歳を重ねて「若さ」や「モテ度」を手放した時、新たに手にするのが「自分らしさ」というものさし。そうか！「年齢」という尺度で人生を計らなければいいいんだ！と知り、ずいぶん気楽になったことを覚えています。

髪をバッサリ切ると、途端に頭が軽くなり、服装もメンズライクに変わっていきました。そして、人生の後半は「誰かの目」を気にするのをやめて、人生のハンドルを自分で握ろう、と思ったのです。そんな私の変化を、美容室の担当者はずっと見ていてくれました。でも、髪の毛を切り終わって「さよなら」とドアの外に出れば、ふたりの関係はそこで終わります。互いの話をするのは髪の毛を切っている間だけ。続きはまた1か月後。そんなドライな関係がいいなあと思います。1か月に1度髪の毛を切りに行く。そして、自分のことを見つめ直す……。それは、私にとって自分を定点観測する時間でもあるようです。

歯石を取りに行き、プロの目で自分を点検してもらう

2〜3か月に1度、思い立ったら歯医者さんに歯石を取ってもらいに行くようになりました。最初のきっかけは、口臭が気になったから。「もしかして虫歯かな?」と思って行ってみたら、「歯石が溜まっているからかもしれませんね」とのこと。「へ〜、そうなんだ」と、クリーニングしてもらうと、口の中が隅々までさっぱりして、歯はツルツルになりました。

私は歯のエナメル質が弱くて、幼い頃から歯医者通いが欠かせませんでした。きちんと歯磨きをしていても虫歯になる……。さらに30代、フリーライターとして仕事量がぐんと増えた頃は、歯医者さんに行く時間を作ることがなかなかできませんでした。当時、月刊の女性誌にかかわっていて、毎日その会社の社

員のように編集部に入り浸り、帰ってくるのは深夜近く。そんな生活の中では、自分の体のことなんて二の次だったのです。虫歯も放りっぱなしで、どうしても痛くてがまんできなくなったら歯医者さんに駆け込むという状態。あまりにも歯がボロボロで、歯医者さんに口の中を見せることさえ恥ずかしかったなあ。

あの頃の後遺症で、あちこちが治療痕だらけになったけれど、やっと今、定期的にチェックを受け、私のオーラルケアが正常になりました。歯石を取りに行くと、毎回虫歯や歯茎の状態まで診てもらえるのもいいところです。

暮らしの中に「プロの目」を意識的に組み込むことは大事だよなあと思います。今年、久しぶりに人間ドックに行きました。初めて大腸の検査も受け、2～3日前から食物繊維の多い野菜や果物を食べてはいけないと知り「え～！」としょんぼりしたり、当日は大騒ぎをしながら朝から下剤を飲んだり。しかも検査の結果ポリープが見つかり、後日もう一度除去の治療を受けに行くはめに。生体検査の結果が出るまで、なんとなく胸に石が詰まっているような重苦しい日々を過ごしました。幸い良性で大事には至らなかったけれど、自分の体の細胞の中に、たったひとつ異常が見つかるだけでもう、昨日と同じ今日はやってこないのだとしみじみと実感。あっち（病気）とこっち（健康）の境界線は、ほんの身近にあるのだと、健康であることは奇跡のように幸せなのだと、改めて当たり前の平凡な日々に感謝したくなりました。

自分のことは自分がいちばんわかっていると思い込みがちですが、実は少しもわかっていない。このことを自覚しておくだけでも、毎日がずいぶん変わってくると思います。定期的に第三者の目で、自分を分析してもらうことは、普段「見えていない」ものを意識的に「見る」ことにつながります。「私ってなんだろう？」と、哲学的、文学的に考える機会はあるけれど、生物学的、科学的に自分を知るということは少ないもの。でも、自分を計るものさしは、多ければ多いほど、多角的に「自分」という個体を分析することができるんじゃないかと思うのです。

歯がきれいかどうかなんて「生き方」を左右する問題じゃない……と思っていました。でも、毎日きちんと食べ健康を維持するにも、笑顔で人と会うにも、

「歯」はとても重要です。普段はそんなことを考えもしないけれど、歯石を取りに行く日だけ意識を向けることができる……。

最近では、口の中がなんだかザラザラしてきたな、と自分でわかるようになりました。歯医者さんに予約を入れて、夕方いつものスーパーに行く前にちょっと立ち寄るだけで、すっきりとした気分で明日が迎えられます。きちんと定期的にケアに通うことは、自分を支える柱を、もう１本増やすことなのかもしれません。

ひと仕事終えたら鍼灸院に行き、回り道を楽しめる体になる

私はどうも鈍感なようで、普段滅多に肩凝りを感じません。でも、美容室などでマッサージをしてもらうと、大抵「凝ってますね〜！」と驚かれます。ずっと同じ姿勢でパソコンに向かっているので、凝っていて当然！　問題はそれを「感じない」ということです。でも、感じないはずの肩凝りをずっと放りっぱなしにしていると、ある日突然具合が悪くなります。首が回らなくなったり、ひどい風邪を引いて熱を出したり。いつも、どうしようもなくなってから、慌てて近所の鍼灸院の先生に「どうにかしてください〜」と泣きついていました。ある日、先生に「一田さんね、これからは、具合が悪くなる前に、疲れを溜め込む前に来てください」と言われて、そうか！　と思ったというわけです。

体の不調は、知らないところで進行し、蓄積されているもの。気が張っていると疲れを感じないし、忙しいと、疲れていてもつい頑張ってしまいます。若い頃、どんなことも「気力」さえあればなんとかなると思っていました。あの頃、私にとって仕事は「力まかせにゴールに持ち込むもの」だった気がします。

経験を重ねるにつれ、私の仕事の仕方は、どんどん非効率的になってきました。かつては、とにかく与えられたことを、時間内に仕上げることが大事でした。でも、今は「こんなやり方もあり？」と考え、「あっちのやり方でもいいかも？」と試行錯誤し、回り道をすることで、何かを拾い上げることのワクワク感を知ってしまった……。すると、多少締め切りを過ぎたって「しょうがない！」と自分のタガを外せるようになるし、「きちんと」完成させるより、多少ゴツゴツしても面白い方がいい！　と考えるようになります。それは、私のような文章を書く仕事でなくても、お店でものを売る時にも、家で料理や掃除をする時にも、子育てでも、同じだと思うのです。

仕事でも暮らしでも、自分の力で何かを始めようとする時、いちばん楽しいのは、オセロを黒から白へパタパタとひっくり返すように、「わからない」を「わかる」に変えていくプロセスだよなあと思います。苦手な掃除を自分の暮らしに取り入れる方法を編み出したり、面倒くさくても、日々のご飯をおいしく食べる方法を工夫したり……。そんな過程を楽しめるようになると、だんだん「完成させる」ことがすべてではない、と思えてきます。そして「わからない」ことがあるって、素晴らしいぞ！　とも思うのです。

ただし、困ったことが一つ起きるようになります。それが、「大変さ」と「面白さ」の境目がなくなるということ。手間がかかるし、面倒くさいんだけど、これをやり遂げた後に、また私が知らないキラキラした世界が広がっているのかも。そう思えば、どんなにしんどいことがてんこ盛りでも、なんだかワクワクしてしまう……。

その結果、知らず知らずのうちに、体に負担がかかり、疲れが溜まってしまう、というわけです。でもここで倒れてしまってはもったいない！　世の中には、まだまだ「わからない」ことがいっぱいあるのですから！　だからこそ、早め早めに体のメンテナンスをしたいと思うのです。

私のかかりつけの先生は、とても腕がいいので、どこに鍼を打たれているのか、ほとんど感じません。そして、鍼灸は行く前と後で、体調が劇的に変わるわけでもありません。でも、気がつけば、なんとなく調子がよくなっている……。それが、私にとっての「ちょっと早め」の体調管理です。

何より仕事の大きな山を乗り越えた時、「体を労わる」という時間を持つことで、ひとつ何かが「終わって」、次の新しいことが「始まる」という気持ちの切り替えができます。私にとって鍼灸は、何かを面白がるための自分を愛おしむ儀式のような気がします。

2週間に1度、パンを冷凍し、生活を安定させる

2週間に1度、横浜のパン屋さん「オン・ザ・ディッシュ」から食パンとイングリッシュマフィンが届きます。取材先でカリッと焼いたイングリッシュマフィンをいただいてから、なぜか帰ってからもしみじみとしたその味が忘れられなくなりました。そこで、取材ですっかり仲良くなったその方に、週に2日しかオープンしない、というその店へ連れて行ってもらったのです。横浜山手の坂道をふ〜ふ〜と息を切らして登っていくと、住宅街の中にあるお店に到着します。かつて、画家が住んでいたという家の1階が店舗。庭に面してテラスがあります。隅々まで店主の気配りが行き届いた空間は、どこかピリッと背筋が伸びるような、心地よい緊張感がありました。なるほど、この人が作ったパ

ンならおいしいはずと納得！

パンが届くと、食パンはカットしてから、イングリッシュマフィンはそのまま、すべてジッパー付きの袋に入れて冷凍します。だから、我が家の冷凍庫の1／3はパン！　自家製酵母と粉と塩と水だけで作られた「オン・ザ・ディッシュ」のパンの素晴らしさは、強い個性がないこと。どれも滋味深くしみじみとした味です。他にもおいしいパン屋さんはたくさんあるのに、どうして私はこのパンを食べ続けているのだろう？　と思い返して、はたとひらめきました。それは、毎日食べても飽きないから。

うわ〜！　と感動するようなおいしさは、一度食べただけでお腹いっぱいで満足してしまいます。でも、一歩引いた、なんでもないのにまた食べたくなるという「おいしさ」もある、ということをこのパンとの出会いで知りました。

本当は、前日に冷凍庫から出して自然解凍したらいいのでしょうが、面倒くさくて、食べる前に、少しだけ電子レンジにかけます。完全に解凍せず、一歩手前で取り出してオーブントースターに。カリッと焼いて木のパン皿にのせ、よつ葉バターをたっぷり塗って半分食べます。残り半分は、長野県にしかないスーパー「ツルヤ」のくるみバターを塗ったり、自分で作った文旦ジャムを塗ったり。

私は朝食には果物しか食べないので、家にいる日には昼食に、毎日このパンと具沢山スープを食べます。何かの都合でパンが切れてしまい、慌てて通りすがりの店で食パンを買って帰ることもあるのですが、そうするとこの昼食の楽しみが半減します。パンを一口がぶりと頬張って、あ〜あ、とがっかり……。パンを切らして初めて、私の生活はこの「オン・ザ・ディッシュ」のパンで安定しているんだと気づきました。

三日坊主で飽き性なので、ひとつのことをコツコツと続けることができません。絶えずいろんな人に出会うことが楽しいし、季節が変われば新しい洋服が欲しくなります。そんな私が、「ずっと変わらないもの」を求めているなんてと、自分でも驚きました。でも、よく思い返してみれば、今住んでいる築55年の平屋はずっと好きだし、手帳は「アクションプランナー」がいちばん使いやすいとずっと思っているし、有次《ありつぐ》の鍋は使い続けてもう20年……。本当に暮らしを支えてくれるものは、使っていることすら忘れるぐらい、毎日になじんでいるのかもしれません。

「大切なことは目に見えない」と星の王子さまは言ったけれど、ずっとそれは「真実」だったり「愛」だったりと、実生活のもうひとつ上のレベルにある「概念」のようなものだと思っていました。でも、実は毎日の中にも、当たり前に手に取り、無意識に使い続けている「見えないもの」があった……。人の暮らしは、そういった「飽きない」定番と、新しい風を運んでくれる「変化するもの」の二重構造でできているのかもしれません。

パンが届くと、箱を開け、パンをカットして冷凍する、という作業をしながら、「安定」というキーワードを噛み締めます。そして、私自身も歳を重ねながら、目立たなくてもいい、当たり前にそこにいるけれど、実はなくてはならない人になれたらいいなと思います。

疲れた日には外食をして、「ま、いいさ」と一息つく

帰りが遅くなった日、仕事が忙しくてバタバタし、何もする気がなくなった日、なんとなくやる気がない日。そんな日には、夕飯を作るのをとっととあきらめて、外食をすることにしています。行きつけの店は決まっていて、自宅近所にあるカウンターだけの居酒屋です。以前は、ラーメン屋さんで餃子ともやしラーメン、というセットも気に入っていたのですが、野菜不足になりがちなのと、外食でもちまちまおかずが食べられる方がいい、ということで今はもっぱら居酒屋へ。とはいっても、私はお酒があまり強くないので、梅酒のお湯割を1杯飲み、あとは温かいお茶をもらいます。甘らっきょうのツナ和え、クレソンとネギのさっと和え、白魚のかき揚げ、つるつる鶏のみぞれ鍋。いつも頼

むものは決まっていて、どれも安定のおいしさです。

「我が家の第二の食卓」のような、行きつけの店を決めておく、というのはなかなかいいなあと思います。以前は、「あ〜、もう今日は無理！」とご飯作りをギブアップしてから、なんとなく駅前に出かけて適当なお店に入っていました。そうすると、お腹はいっぱいになるんだけれど、なんだか虚しいのです。そして、「あ〜、やっぱり家で作ったらよかったかなあ」と後悔する……。

そうならないためにも、頑張って行くレストランとは違い、お財布に優しい日常価格なのに、おいしいお店。できれば野菜中心のメニューがあって、店主もいい人。たくさんなくていいので、「ここに行きさえすれば、間違いない」という行きつけを1軒見つけておくと、すすんでご飯作りをサボることができます。

自分で作らなくても、次々におかずが目の前に出てくるので、夫とゆっくり話ができるのもいいところです。いつもなら、バタバタと作ってバタバタと座り、テレビを見ながら食べて、その隙間にちょっと会話を交わす程度。それが、居酒屋のカウンターだと「今日、こんなことがあってさあ」と自然に互いのことを話すようになります。さらには、相手の言葉にしっかりと耳を傾けられるのも不思議と居酒屋なのです。たぶん、自宅では食べた後は片付けて、その後ちょっと仕事をして、と無意識に食後に続く時間が頭の中に渦巻いているのだと思います。普段の生活の外にあるお店に入ることで、日常を一歩出ることができる……。

「あ〜、おいしかった！」とお腹いっぱいで店を出る頃には、「今日はなんだかよくしゃべったなあ」とか「彼の言いたいことはこういうことだったんだなあ」と身も心も満足しています。いつもは、自転車をかっ飛ばして帰る道を、ふたりで歩きながら「ここの古い家、いいよねえ」とか「ここにいた犬さあ」と話す時間も好きです。

「サボる」という後ろめたさを、「あ〜、おいしくて、楽しかった！」に置き換えられるように、「ダメなこと」を「いいこと」にひっくり返すのは、案外簡単なのかもしれません。私は「これ」と思い込んだら、なかなか頭を切り替えることができません。さらに優等生体質なので、「ダメなこと」を見つけたら、どうしても自分を責めてしまいます。

でも、最近毎日をワクワク楽しむために必要なのは、あれこれ条件をそろえることではなく、自分のメガネをかけ替えることなんじゃないかと思うようになりました。同じことが起こっても、「くよくよメガネ」をかけたら、なんでもうまくいかないし、あ〜あとため息をつきたくなります。でも「ワクワクメガネ」にかけ替えるだけで、どんなことでも楽しくなるし、気分を前向きに転がすことができる……。

夕飯を作るのをあきらめて、居酒屋で好きなおかずをつつくことと、うまくいかないことが起こっても「ま、いいさ」と今ある状況の中で幸せを探すことは、同じことなんだよなと思います。

疲れが溜まったら、お気に入りの店で背筋を伸ばす

緊張するインタビューを終えた後や、ややこしい案件の打ち合わせが一段落した帰り道、自宅最寄りの吉祥寺駅につくと、「よし、今日はちょっと寄っていくか……」と足を運ぶ場所があります。それが、駅から徒歩5分ほどの場所にあるカフェ「コロモチャヤ」。私は、ここの甘夏のタルトが大好きで、頑張った日の自分へのご褒美に、疲れを癒すためにと、度々立ち寄ります。

もう少し時間がある時には、友達を誘って、東京富ヶ谷にある和食の店「七草」を訪ねます。前菜で供される季節のすり流しは、鰹出汁《かつおだし》がきいた中、春はソラマメや新玉ねぎ、冬は白ネギなど、五臓六腑に染み渡るおいしさで、疲れが溜まると「あ〜、七草のすり流しが食べたい！」と思うのです。

　でも、足を運ぶ理由はおいしいケーキやすり流しを食べるためだけではないのです。甘夏のタルトがのせられて出てくるのは、益子の陶芸家、石川若彦さん作のちょっとぬくもりのある白のお皿です。ひとつのタルトにこんな大きなお皿が必要？　と思うぐらいの大きさ。でも、余白でタルトが美しく映え、テーブルの上に運ばれたその一皿に、「わあ、きれい！」といつもため息が出ます。ケーキやお茶や、そしてお店の空間には、店主の中臣美香さんの「こう在りたい」という思いがギュッと凝縮されて詰まっています。

「七草」の前沢リカさんが作る料理は、細長い木皿に旬の恵みを彩り豊かに配したり、お椀にコトコトと煮込んだ大根と豚バラ肉がちんまりと盛り付けられていたりと、その一皿一皿が、心を尽くして仕上げた完成度を感じさせてくれます。どちらの店も行く前はヘロヘロに疲れていたのに、帰る頃にはすっかり元気になる……。それは、プロフェッショナルが、プロとしての仕事をする、その緊張感や、完璧さ、研ぎ澄まされた感性に触れた時、こちらの背筋までがしゃんと伸びるから。

疲れが溜まってくると、ピンと張っていたゴムがビヨ〜ンと伸びるように、体も心も頭もどんよりと重たく、淀んできます。それを癒すものは、意外や「休息」ではないのかも……と思うようになりました。もちろん、睡眠を取り、体を休めれば、心も復活します。でも、「コロモチャヤ」や「七草」で、完璧な一皿をいただくと、あんなに疲れていたはずなのにシャキーンと目が覚めるように、一瞬で疲れを吹き飛ばすものは、自分の奥の奥にある「芯」に作用する、ピリッとした刺激なのかもしれません。

たまたま自宅で何気なく見ていたテレビのドキュメンタリーで、その人の生き方にいたく感激して涙をポロポロ流した時にも、YouTubeの動画で、思わず聞き入ってしまうほど素晴らしいバラードを聞いた時にも、同じようなことを感じます。

プレッシャーがかかる仕事や、やってもやってもうまくいかない作業など、私たちは日常の中で気づかないうちにストレスを抱え、心配したり、やきもきしたり、地団駄踏んだりと、あれこれ心を忙しくて、その結果疲弊していきます。回復するには、まずはそこから一歩離れて休息を取り、原因を取り除くことなのでしょうが、現実にはなかなかそうもいきません。誰もが、自分のストレスと上手に付き合い自分のご機嫌を取りながら「さあ、もう一度」と立ち上がるしかない……。

そんな時に、自分とはまったく違うステージで、まっすぐに目的を達している人の姿に触れ、「ああ、すごいなあ～」と心を震わせることで、自分の疲れの原因とは、まったく違う方向から力をもらう……。甘夏のタルトやすり流しや、ドキュメンタリーやミュージックビデオは、私の疲れとは、まったく次元が違うからこそ、そこに新しい扉が開く……。その可能性が、私を元気にしてくれる気がします。

週末にシーツを洗い、ベッドの下を掃除して、生活の土台を整える

毎週末、土曜日か日曜日に天気さえよければシーツを洗います。朝、目覚めるとベッドからシーツを引っぺがし、枕カバーと共に洗濯機に放り込んでスイッチオン！　洗っている間にベッドパッドとかけ布団を庭に広げた物干しラックに干します。さらに、ベッドをエイヤッと持ち上げて、掃除機をかけてからモップで水拭きを。ベッドの下というのは、意外にホコリがたまりやすいのです。

面倒くさがりの私が、ほぼ毎週この一連の作業を続けているのは奇跡に近い！　夏は汗をダラダラ流してベッドの下を掃除し、冬はき〜んと冷たい空気の中、シーツをパンパンと伸ばして干す……。そうやって、体を動かしながら、私は「生活」があって「仕事」がある、という「順番」を思い出します。

若い頃は「仕事」がまず第一で、残った時間で「生活」をしていたような気がします。何が何でも仕事優先。打ち合わせに呼ばれれば飛んでいくし、取材が立て込めば、掃除ができなくても仕方がない。ご飯は毎日パスタでした。

私にとって、仕事は何よりも大事なものです。幸せなことに好きなことが仕事につながっているので、「次はどんな本を作ろう?」「この企画はもう少し工夫すればよかったな」「この前会ったあの人に聞いた話は、いったいどういうことだろう?」と仕事上で考えることすべてが、自分の思考を見直し、深め、統合し、自分自身を成長させていくことにつながります。だからこそ、仕事をすることがなにより楽しかったし、どんなに忙しくても平気でした。

でも……。仕事はお金をいただいて成り立つものです。つまり、常に「評価」というものがつきまとうということ。少しでもたくさん本が売れるように。少しでも多くの読者に読んでもらえるように。少しでもいい仕事をするように。そうやって、ものさしを外へと預けることで、「あ〜あ、今回はダメだった」「一生懸命やったのにどうして……」と、一喜一憂し、ジェットコースターのように気持ちが揺れ動きます。

私は優等生体質で「気にしい」なので、若い頃からずっと「誰か」という目に見えない評価に振り回されてきました。ある時、がっくり落ち込んで半ベソをかきながら、家へ戻りました。そんな時にもお腹はすくものです。簡単なおかずを作り、ご飯を炊いて、茶碗や小皿を並べました。そんな食卓を見て「なんて確かなんだろう!」と思ったのです。日々ご飯を作って食べる。それは、誰に評価されなくても、明日への糧となり絶対になくならない……。この時から、私はまずは「生活」があって「仕事」がある、という順番を胸に刻むようになりました。

実際には、1日のほとんどの時間を仕事に費やします。週末だからと言って休みになるとは限らないし、打ち合わせや取材が入っていない日でも、家で原稿を書いています。でも、仕事に「生活」をのっとられないようにしたい……。「生活」は、いたって当たり前のことの繰り返しで、気をつけていないと、それがいかに尊い時間なのかを見失ってしまいます。でも、本来は、毎日毎日繰り返し続く「生活」こそ「生きること」に直結していると思うのです。このことを、週に1回思い出すのが、私にとってのシーツの取り替えという「儀式」なのかもしれません。

週末の朝、バサッとシーツをめくるとベッドが丸見えになります。毎日、いろんなことを抱えて私はここで眠り、朝目覚めて新しい世界へ飛び出していく……。ベッドルームを整えることは、そんな生活の土台を整えること。

週末の夜、お風呂に入った後、ベッドに潜り込むと、シーツはパリッと肌に心地よく、ほんのりお日様の匂いがします。そうやって眠りに落ちる幸せを、しっかりとこの手でつかんでおきたいなあと思います。

季節の変わり目に、洋服を間引いてから衣替えをする

季節の変わり目になると、衣替えをします。と言っても、クローゼットの前と後ろを入れ替えるだけ。我が家は古い日本家屋なので、押入れにポールを渡してクローゼットがわりにしています。押入れといえば奥行きが深いもの。そこで、前と後ろに2本ポールを取り付け、前にオンシーズンの衣類、後ろにオフシーズンの衣類を吊るしているというわけです。だから、前後を入れ替えるだけで衣替えが終了です。

とは言っても、この入れ替えが面倒くさい！　夏が終わり、吹く風が少し冷たくなってくると、奥のポールから長袖のシャツを1〜2枚取り出したりと、「その場しのぎ」で数日を過ごします。だんだん前列に長袖が増えてきて、これ

はいよいよ全入れ替えしなくちゃと、腹をくくったら作業に取り掛かります。

まずは前列のものを洗濯することから。これは、仕事でお世話になっているセレクトショップ「ダジャ」のオーナー板倉直子さんに教えてもらったこと。衣替えの時に、もう一度洗濯をする。それを「しまい洗い」と言うのだとか。夏はTシャツや半袖、ノースリーブのシャツ類を。冬はセーター類を、2日に分けて洗濯機ですべて洗います。セーターは虫が食わないように、4〜5枚ずつ防虫カバーをかけておきます。こうして、いよいよ入れ替え作業を。

この時、「今年これは一度も着なかったな」と思うものを間引きします。「もう着ない」と判断したものは人に譲ったり処分したり。判断に迷うものは「ペンディングボックス」の中へ。この「減らす」という作業が、実はとても大切。ギューギューに詰まったクローゼットは、どこに何があるか一目でわからないし、出し入れしにくく、せっかく吊るしておいてもシワになってしまいますから。

こうして、「今の季節のもの」だけがすっきりと並んだクローゼットの清々しいこと！「今日は何を着て行こうかな?」と押入れを開けるたびに嬉しくてにんまりしてしまいます。

四季があるということは、「けじめ」をつけるのにとてもいい機会になるなぁと思います。季節に合わせて、衣替えをしたり、暖房機器を出し入れしたり、布団を替えたり、ポットの飲み物を替えたり。

ある日ふと「あ、風が変わったなぁ」と実感する日が必ずあります。そんな時、ふと立ち止まって「今年の夏は……」といった具合に昨日までの日々を振り返ります。すると、私の場合必ず足元がす〜す〜して、なんだか不安な気分になるのです。毎日「やるべきこと」に追われて夢中で過ごしていると「今日」の次には当たり前のように「明日」がやってきます。好きな仕事をして、好きなものを食べ、好きなように1日を過ごす。それは、とても幸せなことです。

でも、いったいいつまでこの幸せが続くのだろう。10年後、20年後の私は、どうなっているのだろう？　と考えると、なんだかたまらなく不安定な気持ちになります。

若い頃は、「いったいいつになったら、この不安がなくなって、平穏な気持ちで過ごせるのだろう?」と、「不安」＝「敵」だと考えていました。今は「不安」があるからこそ、今を見つめ直し、「当たり前」のことが当たり前でないと気づき、「正しい」と信じていたものが、実は裏側から見れば「正しくない」こともある、と視点を反転させることができる、と思うようになりました。歳を重ねて、「不安」との付き合い方が少し上手になったのかもしれません。

肌で目で鼻で、季節の変わり目を感じたら、クローゼットを整理する。胸の奥に一抹の不安を抱えながらも、新しいシャツに袖を通して今日も出かけていく。それは、未来をいくら不安がっても、何も解決しないと知った、私なりの前への進み方です。

「紙もの整理デー」を作って、終わった仕事に落とし前をつける

紙ものの書類って、どうして知らない間にこんなにも増えるのでしょう？　仕事で使う書類はもちろん、請求書、ＤＭ、手紙などなど……。その都度、いる、いらないを判断して、不要なものを処分できればいいけれど、ついつい、机の端っこに積み上げたり、ファイルにしまいっぱなしになったりしがちです。

そこで仕事が一段落した時に、部屋に40リットルのゴミ袋を広げて、紙もの整理デーを作ります。Ａ４用紙の両面にプリントアウトした大量の原稿、手描きの撮影コンテ、日にちがとっくに過ぎたＤＭなどを、ビリビリ破いてどんどん袋の中へ。これが、なかなか爽快な作業なのです。

データや情報が「溜まる」のは、その処理を後回しにするからです。瞬時に

判断し、重要度を考え、不要なものは処分する。どんな情報に対しても、そんなプロセスを踏むためには、その都度その都度、現状にきちんと向き合わなくてはいけません。私は、これが大層苦手。ひと仕事終えたらもう「次にやってくる」仕事のことで頭がいっぱいになって、「終わった」仕事のことは、すぐに忘れてしまう……。つまり、終わった仕事にきちんと「落とし前」をつけるのが面倒で、つい後回しにし、それが溜まりに溜まってしまうのです。

でも、性格的に「こまめに」は無理。だったら「一気に」落とし前をつけよう、と考えたというわけです。仕事に関する書類は、その本が出版された1〜2週間後を目安に処分します。出版後すぐは、何か間違いがあった時に、さかのぼって調べる必要があるかもしれないので。一気に書類を処分することで、私はその1冊に関わったすべてのプロセスをリセットしている気がします。原稿やコンテをビリビリ破きながら、「この取材は大変だったなあ」「この原稿は苦労したなあ」と思い出します。そして、ゴミ袋に突っ込むことで、「はい、終わり！」とさよならする……。

1冊の本を作り終わったら、また次の1冊が始まります。内容はまったく違うけれど、下調べ→アポ取り→取材→原稿執筆→入稿というプロセスはずっと同じです。飽き性で根気ゼロの私が、この永遠のループを20年近く続けているなんて、奇跡のようです。それを思うと、やっぱり私はこの仕事が好きなんだなあと心底思います。「天才画家とは、1枚の絵を永遠に描き続けていられる人のこと」と聞いたことがありますが、自分にとっての天職を探す時、「ずっと同じことを続けていられる」ということは、ひとつのものさしになると思います。

でも、続くからこそひとつの仕事に「ここで終わり」とピリオドを打つことはとても大事。意識していないと、気がつかないうちに、昨日の続きで今日がきて、今日の続きで明日がやってきてしまいます。すると、せっかく続けていることが、垂れ流しになって「積み重ねている」という意識を育てることができません。

ビリビリと書類を破いて捨てながら、私は自分自身に「よく頑張った！」とエールを送っているのかも。毎日原稿を書き、コンテを描き、時間をコツコツ積み上げて……。書類1枚1枚には、そんな時間が宿っています。膨大な書類をゴミ袋に入れることで、私はその量を手で実感している……。だからこそ、ゴミ袋がいっぱいになって、机の上がすっきり片付いたら、「よし、また頑張ろう！」とスイッチを切り替えることができます。

以前は、「これは今後も使うかも」と資料の一部をとっておくこともありました。でも、保存用のファイルを開くことなんて皆無。今では、必要な時には、またイチから調べればいいいと、すべての書類を処分するようになりました。あの「こんまり」こと近藤麻理恵さんが、「ものが処分できない原因は、過去への執着と未来への不安」とおっしゃっていて、なるほど！　と膝を打ちました。

暮らしの中に「終わりの日」を作り、「これまで」を処分し、「これから」に備える。そんな紙ものの整理デーは、私にとって大事な心のデトックスデーにもなっています。

経理作業をしながら、着実に歩くことを思い出す

2〜3か月に1度、税理士の先生が我が家にやってきます。その日は朝から必死！　溜まった領収書を整理し、費目ごとに分けて、パソコンの会計ソフトに打ち込んでいきます。カード明細をチェックしたり、ネット振込の詳細をメモしたり……。先生がやってくるギリギリまで作業を続け、ピンポーンとチャイムが鳴る頃にはクタクタになっているほど……。毎日少しずつやっておけばいいのはわかってはいるけれど、毎回1〜2か月分の会計処理をこの日半日ほどでやっつけます。

今まで家計簿をつけたこともないし、収支はほとんどどんぶり勘定でした。若い頃から確定申告をお願いしていた会計士さんは、レシートを封筒に突っ込

んで渡すだけで処理してくれる、というなんとも私向きの方。自分で経理作業をする、ということはほとんどありませんでした。

そんな時、取材で知り合った方が教えてくれたのが、スマホの家計簿アプリです。レシートをアプリで撮影するだけで、数字や費目を読み取り集計してくれるという便利なもの。試しに1か月間だけ、やってみようかと思い立ちました。毎日家に帰ると、財布からレシートを出してパチリ。1か月後に集計を見て唖然としました。私が使っているお金のほとんどは食費。しかも「えっ？こんなに？」という膨大な額でした。なんとなんと！

振り返ってみれば、仕事帰りに時間がないからと、駅ビルや百貨店の〝ちょっといいスーパー〟で買い物することがほとんど。多少割高でも急いでいるし、わざわざお手頃スーパーまで行くのは面倒くさい。そんな積み重ねを、実際に数字で目の当たりにして大いに反省したのでした。

以来、国産の野菜がそろう「コープみらい」や、野菜が安い「地産マルシェ」など、ちょっと足を延ばして買い物をして回るように。

この経験を経て、「自分が使っているお金を自分で把握する」ことの大切さにやっと気づいたという次第。ちょうどその頃、知り合いに今の税理士さんを紹介してもらえることになりました。「頼りになるけど、厳しいよ〜」と聞いていた通り、自分でやるべきことは自分でやる、というスタイル。最初は、教えられるままに会計ソフトに数字を打ち込むだけで、それが何を意味するかさえわかっていませんでした。でも、作業をしながら次第に、何にいくらぐらい使っているかというお金の流れや、多少の差はあっても、食費、被服費、本代など、1か月に使う額のアベレージが見えてくるように。

私はフリーライターなので、収入が不安定です。まとまって大きな金額が入る月があれば、ゼロ円という月も。だからずっと定額貯金なんて無理！ と思ってきました。でも、お金は最初に確保しておかないと、知らない間に姿を消していく……ということが、この年齢になってやっとわかってきました。自営業者が入る「小規模企業共済」などの積立制度を利用したりと、お恥ずかしながらここにきて、やっと「貯蓄」という意識を持ち始めたばかりです。もっと早く気づいていたらよかったなあと後悔しきり。

自分が苦手なことは、無理やり「やらなくてはならない状況」を作ってしまう、というのも、ひとつの方法かと思います。2〜3か月に1度、イヤイヤながら、朝からレシートまみれで過ごす……という時間があるからこそ、ふと気づくと、イヤイヤながらも、自分のお金を自分で管理している……。2〜3か月に1度のこの日は、私にとって「地に足をつけて、着実に歩むこと」を思い出す日なのかもしれません。

昼寝をして、自分をシャットダウンする

「あ〜、もうダメだ。間に合わない！」。いろいろな仕事が重なって悲鳴をあげる時ほど、私のテキパキモードは全開になります。いつまでに何をやらなければいけないのか、段取らないと絶対に間に合わない……。そうなると、いくら普段は行き当たりばったりの私でも、計画を立てて、集中してさっさかこなしていくしかない。そんな時、自分の背中の後ろにぜんまいがついていて、キリキリと回されて全速で動いているような気がしてきます。

ようやくなんとか間に合ってホッとすると、「いつでもこのままのスピードを保っていれば、なんでもできるかも」と思えてきます。ところがどっこい、そうはいかない……。やらなければならないことの数が減れば減るほど、背中の

ぜんまいがどんどん緩んで、能率は大幅ダウン。あのテキパキモードがウソだったかのように消え去り、すぐにスローモードに転落。どうやら私の段取り力は、切羽詰まらないとスイッチが入らないよう。まあ、そうやって無意識のうちに、常に緊張している状態から、少しペースを緩めて、体を休められるようにと、調整しているのかもしれないなと思うようになりました。

どんなに忙しくても、気持ちにハリがあってやる気モードの時には、精神的にもラクなものです。反対に、ある程度時間があり、余裕がある時に、なんだかお腹に力が入らず、ダラダラしてしまうと、気分までどんよりと曇ってしまいます。そんな自分自身をどうやってコントロールしたらいいのだろう？　とずっと考えてきました。

そうして、思いついたのがリスタートしたい、と思ったらまずは「寝る」ということ。パソコンの前に座って、原稿を書かなくちゃ、企画書を作らなくちゃ、と思うのにやる気にならない。やらなくちゃいけないのに、やりたくない。そう感じたら、私は書斎を出てリビングのソファに横になり30分ほど寝ることにしています。眠る、ということは一旦意識をシャットダウンすること。すると目覚めた時、気分がシャキッとし、「よっしゃ！」と仕事に戻ることができるのです。

だから、我が家のソファの背にはいつもお昼寝用のブランケットがかかっています。冬は、リトアニアから抱えて帰ってきた「クリッパン」の毛布を。夏は「無印良品」のガーゼブランケットを。短時間で深く眠るには、ちゃんと上掛けをかぶるということがポイントのよう。以前は、つい横になってテレビをつけてしまい、そのまま寝落ちしてしまえばいいのですが、ハッと気づいたら30分経ってしまった……なんてことも。「寝る」と決めたら、テレビを消して、上掛けをかぶり、とにかく目をつぶる、という切り替えが何より大事とわかりました。

朝5時半ぐらいに起きると、9時ぐらいに眠たくなることがあります。「こんな早い時間に？」と思わないで、とっととソファへ。昼間は、お昼ご飯の後にちょっとお昼寝。こまめに自分のスイッチを自分で切ると、復活するのも早い気がします。

起きると必ず歯を磨きます。そして、また書斎に戻ると、睡眠によって、頭の中が白紙に戻るからでしょうか？　嫌だなあと思っていた仕事もグングンはかどります。自分を上手に操るには、「体」に働きかけるのがとても有効。

「あ〜あ、なんだか体がだるいな」「なぜか気合いが入らないな」「気分がクリアじゃないな」と感じたら、それはきっと体のどこかが不調なサインなんだと思います。無理して頑張ろうとしないで、自分の体に正直になってみる……。それが私の見つけた中では、いちばんよく効く能率アップの方法です。

サスペンスドラマで、「思考停止」を自分にプレゼントする

やっと仕事が一段落した日の夕飯は、いつもよりちょっと手がかかるおかずを作りたくなります。春巻やグラタン、筑前煮やロールキャベツなど。「ああ、おいしかった！」と食べ終わると、洗い物は夫に任せて、私は畳の上でゴロンと横になり、ダラダラとテレビを見て過ごします。大好きなのは、2時間もののサスペンスドラマ。いつも、途中で「ああ、この人が犯人なんだろうなあ」とわかってきます。特にハラハラするわけでも、ドキドキするわけでもない。この予定調和的な安心感がいいのです。

午前中に原稿を書き上げた日には、昼ご飯を食べた後、「相棒」だったり、「科捜研の女」だったりと、再放送のドラマを見ることもあります。何をするで

もなく、ボ～ッとテレビを見る。これは、もしかしたら私の中で、いちばんのご褒美タイムかもしれません。

仕事でも家事でも、何かが終わると何かが始まり、エンドレスで続いていきます。つまり、私たちの時間は常にループ上にあって、なかなか「終わり」を見つけることができません。かつて「暮らしにはメリハリが必要だ！」と、無理やりなんらかの「儀式」をつくろうとしたことがありました。仕事が一段落したら、夫とドライブに出かける、とか、映画を1本見るなど など……。張り切ってトライした時には、自然の中のカフェでリフレッシュしたり、映画を見て感動して泣いたり、大きな気分転換となったものです。でも……。毎回それを続けるのはとても無理でした。「よし、一段落したからどこか行こう！」と思っても、夫婦ふたりの予定がすぐに合うわけではありません。相手の都合を待っている間に、私は次の仕事が始まってしまったりします。映画に行こうと思っても、すぐに見たいものが見つかるわけでもないし、わざわざ出かけていくのが億劫になり、結局「ま、いいか」と中止に……。

そんな中で「終わり」を意識するためには、立派なことをやろうとしちゃダメ！　ということに気づきました。自分のスイッチを切って、思い切り脱力する……。そんな時間は、格好よくなんかなくて、自分がいちばんラクチンなことをして過ごせばいいんだと。それが、私にとってサスペンスドラマだったというわけです。

テレビを見ていると実家での風景を思い出します。母もサスペンスドラマが大好きで、アイロンをかけながらよく見ていました。横で私はソファにごろりと寝転びながら、ちょっとした悩みをボソボソ話したりしたなあ。夢中になりすぎず、バックグラウンドミュージック的に聞き流し、見ることができるのが、深刻ではないテレビドラマのよさなのかもしれません。

犯人ががっくりと膝を落とし、エンディングの音楽が流れると、「さ、お風呂入ろ」と腰をあげます。そして、なぜか毎回ちょっぴり後ろめたい気分になります。こんなダラダラテレビなんか見てないで、他にできることがあったんじゃないかって……。不思議とドラマを見ている間はそんなこと1ミリも感じないのに……。「いやいや、いいんだよ、休んで」と自分で自分にツッコミを入れながらお風呂へ。

きっとサスペンスドラマは、私を「思考停止」の状態にしてくれる子守唄のような存在なのだと思います。気がつかないうちに2時間が経っていた……。

それは、意味や意義がまったくなくても、きっと幸せな時間なのだと思います。

ひと仕事終えたら、花と本を買って帰る

大きな仕事がひと段落した帰り道、本屋の前を通り過ぎる時、「この本面白そうだな」と1冊の本を手に取ります。すると、その横にも興味を引くタイトルを見つけ、その横にも……と芋づる式に、さまざまな本や雑誌が目に飛び込んできて、気がつくと、あちこち歩き回って、4〜5冊の本や雑誌を抱えています。そして、いつも不思議に思うのです。「2〜3日前に立ち寄った時には、まったく気になる本なんて見つからなかったのにな」って……。

どうやら忙しくて、仕事のことで頭がいっぱいだと、私のアンテナは作動しなくなるよう。感情や興味という扉をピシャッと閉めて、今、やるべきことに集中！　そして、やっとすべてのことが手を離れ、気がかりなことがなくなる

と、途端に世の中は、モノクロームからフルカラーへと切り替わり、毛穴が全開となって、周りの世界の色や匂い、風などが体の中に流れ込んできます。

　それは本屋さんだけではなく、花屋さんの前でもそう。昨日まで、素通りしていたのに、心に余裕ができると、「あ、もう芍薬《しゃくやく》が出てる！」とか「クロッカスかわいいなあ」と、草花を家に連れて帰りたくなります。こうして、仕事の節目にはいつも、数冊の本と花を抱えて帰ることになります。きっとどんな人にも生活の節目で、自分の中のスイッチをパチリとオンにする瞬間があるのではないでしょうか？　おいしいものの味わいがぐんと増したり、きれいな夕焼けにはっと気づいたり……。体と心に流れ込んでくるものは人それぞれです。

　絶えず自分の感度を磨いておきたいけれど、人間は弱いもので、自分のコップがいっぱいいっぱいだと、それ以上何かを注ぎ入れることができません。でも、きっとそれは悪いことではなく、何にも入れる余裕がないほど、「今」に没頭する時間も大切なのだと思います。だったら、自分の「フタ」を上手に開け閉めすればいいんだ、と考えるようになりました。つまり、仕事が忙しい時には、フタを閉めてインプットはちょっとお休み。でも一旦終われば、思いっきり大きく開け、自分の中に入ってくるものを、全身で受け止め、感じ、観察して、味わい尽くす……。

日々の生活の中で厄介なのが、自分では制御できない「気分」というシロモノです。時間はたっぷりあるのに、「なんだか気が乗らないよなあ」という日がある……。でも、努力で感動することはできません。涙がつ〜っと流れるのは、心が揺さぶられるからこそ。「気分」は、健康や時間のゆとり、精神状態など、さまざまな要因が絡まり合って作り出されます。つまり、落ちている「気分」を、努力で「上げよう」と思っても無理ということ。

だったら、気分が乗らない時にはじっとしていよう。歳を重ねて、そうあきらめることができるようになりました。そして、よく眠ったり、適度な運動をして気分転換をしたりと、周りにある一つ一つの要素を調整し、自分を「いい状態」へ導く……。そうやって無理をせずに、状況に合わせて自分のフタを開け閉めすればいい。

ひと仕事終えた後は、そんなフタが自然に開くのだと思います。だから、自然に「いいもの」が向こうから流れ込んでくる……。それは、自分で狩猟に出かけるのではなく、土を耕し、いい種が飛んでくるのを待っているようなイメージです。力で無理やり引き寄せるのではなく、水が上から下へと流れるように、やってきたものをすくい取り、たっぷり味わう。そんな時間が、次に出る芽をきっと育ててくれると思っています。

実家で一晩過ごし、娘に戻る

大阪や神戸方面の取材が入ると、兵庫県西宮市にある実家を宿代わりに使っています。2〜3か月に1度は帰っているでしょうか？　取材日が決まると、母に電話をします。必ず聞かれるのが「夕飯は家で食べるの？」ということ。少し帰りが遅くなることもあるけれど、大抵の場合「うん！」と答えます。父は87歳。母は77歳。あと何回一緒にご飯を食べられるだろうと思うと、その1回が何よりも大切だと思うので。

もう50歳を過ぎている私が、実家のドアを開けた途端に一気に「娘」に戻るから不思議です。「誰かに見守られて暮らす」ということが、こんなにも温かく、安心し、心が平穏になるものなのかと、驚いてしまいます。

夕飯後には、父のために私がコーヒーを入れます。テレビを見ながらグダグダと話をし、順番にお風呂に入り、11時頃には寝る……。そんな当たり前の夜を過ごしていると、私の「いつも」を、一歩外から見直しているような気分になります。普段は、常に目の前に「やること」がてんこ盛りで、時間に追いかけられ、何かをしていないと落ち着かない……。そんな自分の日常が、「普通じゃない」ことを実感するのです。

実家での夕飯後のひとときは、何も生み出さない、何の準備もしない、ただの「団欒」の時間です。ソファに寝転がって、テレビのリモコン片手に、お笑い番組やニュースを見ながら、「そうそう、そういえばさ」とおしゃべりをする。ああ、こんなふうに、丸ごと自分を緩め、肩の力を抜いて過ごすことって、なんて気持ちいいんでしょう！

一方朝目覚めると、母はテキパキモードで掃除を始めています。面倒くさがりで大雑把な私とは正反対で、月曜日は掃除機かけ、火曜日はサッシと網戸を拭く、水曜日はトイレ掃除……とスケジュールを決めて、1週間できちんと家中がきれいになるシステムを作り、淡々とそれを繰り返しています。実家で同居している時には、私がなんにもしなくても、部屋はきれいになるのが当たり前で、学校や仕事から帰ると温かいご飯ができているのが当たり前でした。でも、自分の生活を持った今、改めてそんな母の暮らしを観察すると、「すごい！」と尊敬することばかりです。

私は歯を磨きながら、朝ご飯を食べながら、そんな実家のディテールを眺めるのが大好きです。洗面所は洗面ボウルから蛇口までピカピカで、トースターも使ったらすぐにサッとひと拭きするので、我が家のパンくずだらけのものとは大違い。そこには、毎日クルクルと動き回る母の日常が繋がっています。そして、荷物をまとめて「行ってきます！　また来るね」と実家を後にする時、なんだか背筋がしゃんと伸びる気がするのです。来る前は、忙しくてイライラして、あれこれ心配事があって……。でも、実家でご飯を食べ、一晩ぐっすり眠ることで、すべて吹き飛んで、自分の中がすっきりと掃除されたような清々しい気持ちになります。それは、きっとそこに「確かさ」があるから。夕飯後、家族でなんとなく過ごす緩やかな時間も、朝から母が家中を整えて回る時間も、誰に評価されるわけでもなく、長年ずっと続けられてきた営みです。それに触れることで「仕事を頑張らなくちゃ」「私らしく生きなくちゃ」と、自分で勝手に両手いっぱい抱えていた荷物を、ふっと下ろし、「ま、いいか。私にできることをやれば」と肩の力を抜くことができる気がします。

背伸びをしなくても、私は私のままでいい。娘に戻った一晩で私はそう再確認しているのかもしれません。そして、ガラガラとスーツケースを引いて駅までの道を歩きながら、「よし、帰ったら洗面所の蛇口を磨こう！」と決心したりする……。忙しくて、心が弱っている時ほど、そんな「実家時間」はなかなか有効です。

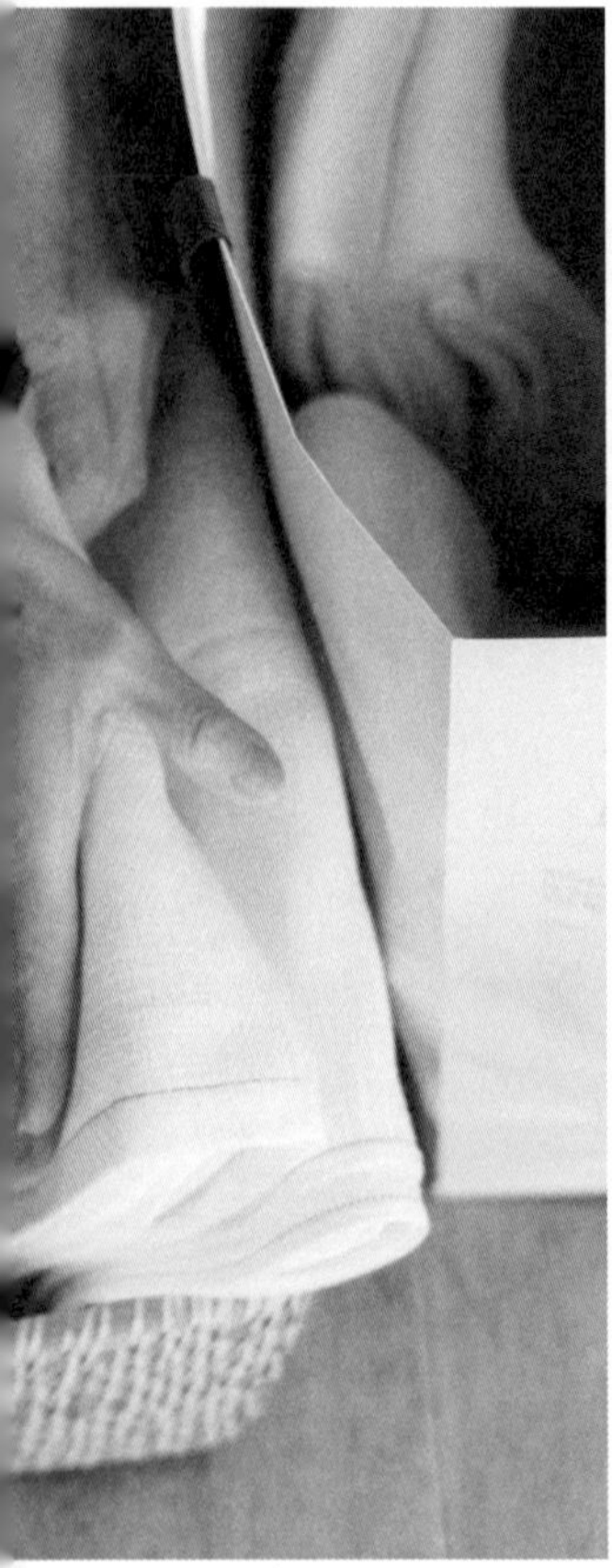
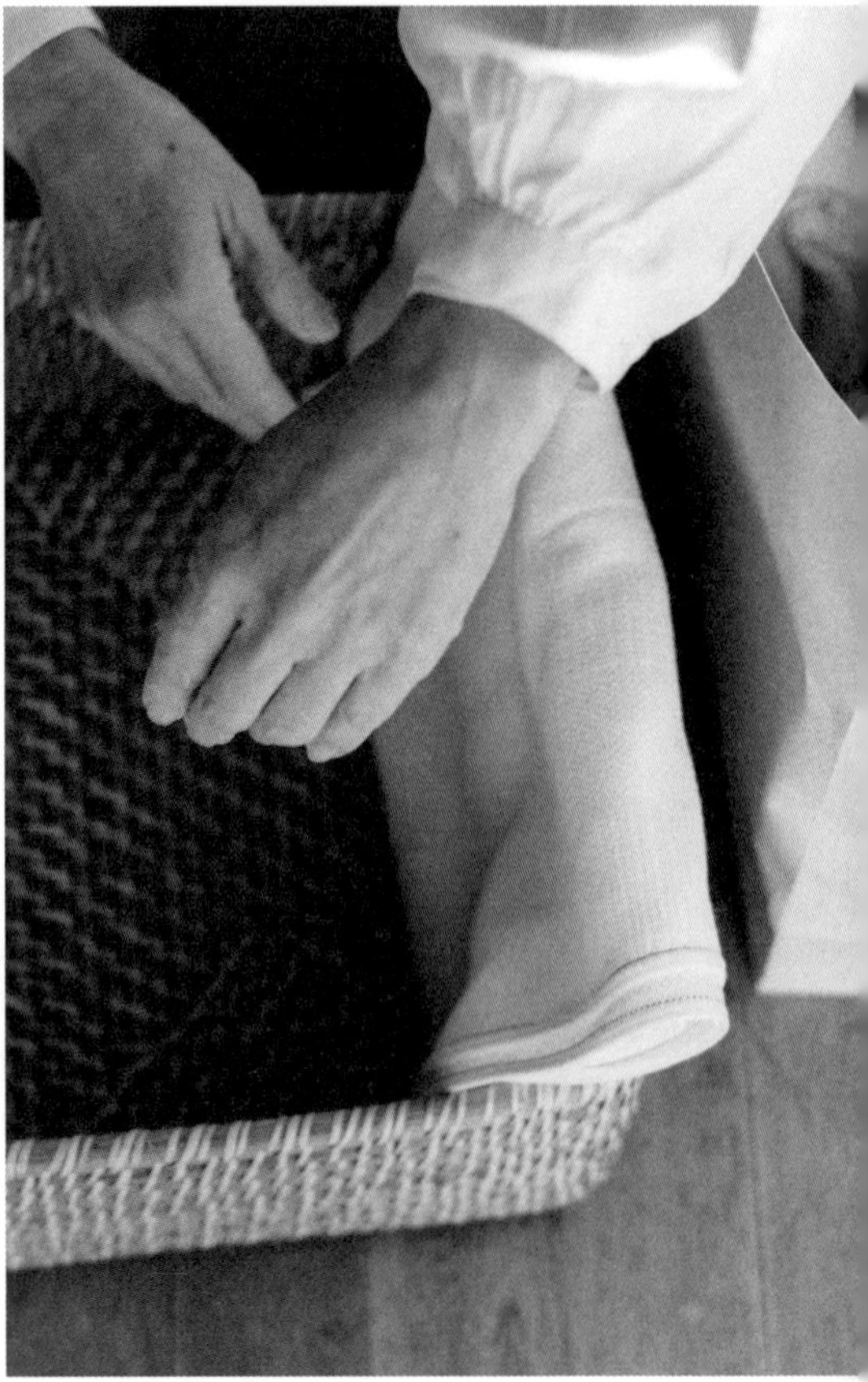

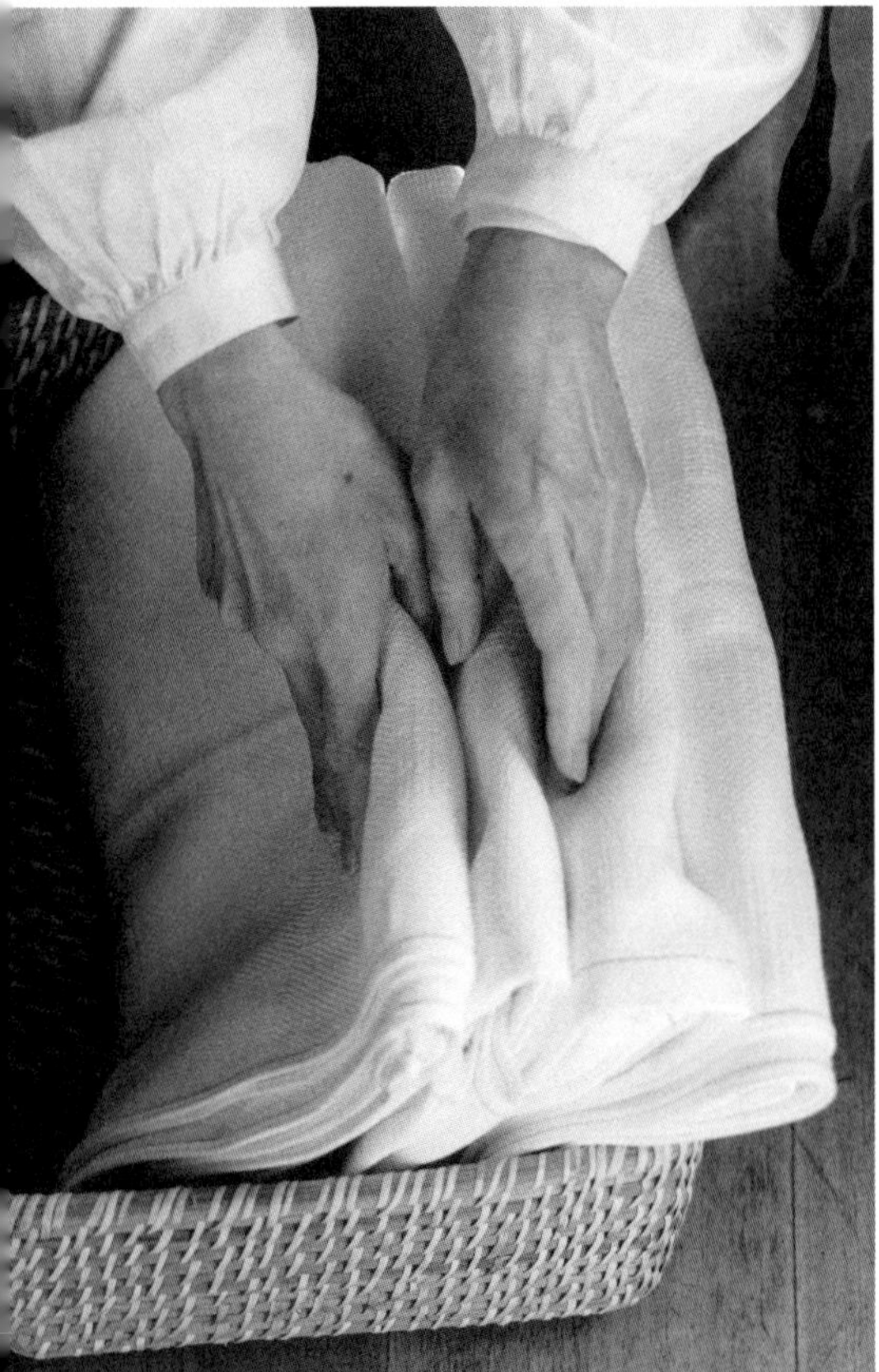

三章　人生の先を見つめて

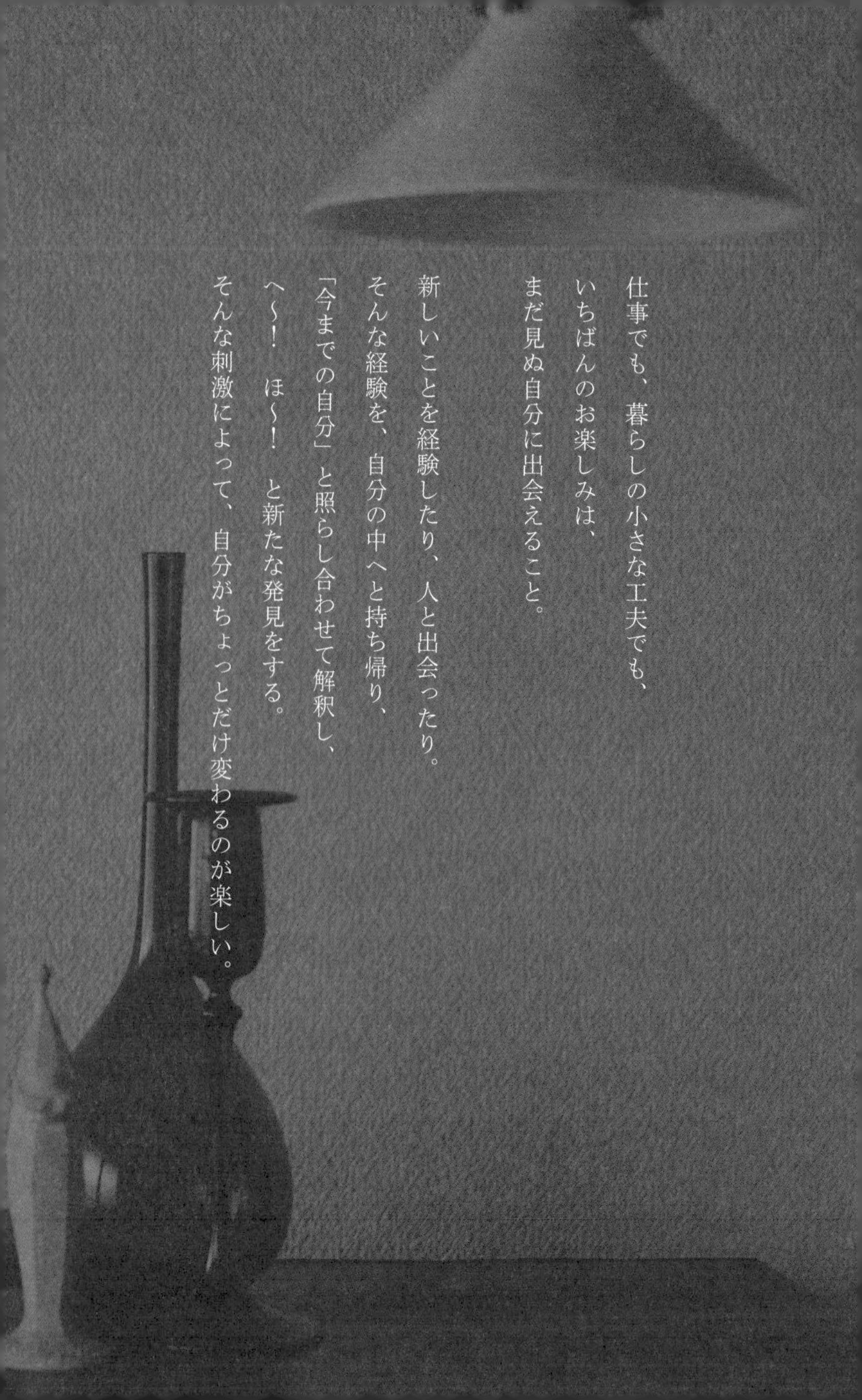

仕事でも、暮らしの小さな工夫でも、
いちばんのお楽しみは、
まだ見ぬ自分に出会えること。

新しいことを経験したり、人と出会ったり。
そんな経験を、自分の中へと持ち帰り、
「今までの自分」と照らし合わせて解釈し、
へ〜！　ほ〜！　と新たな発見をする。
そんな刺激によって、自分がちょっとだけ変わるのが楽しい。

だから、そんな変わり目を見逃さないように。

誕生日や年末年始など、
1年の節目は、「これまで」と「これから」をじっくり考える
記念日にしたいなと思います。

大掃除は1月に1か月かけてゆっくりと。
余力を残して「また明日」と切り上げることが大事

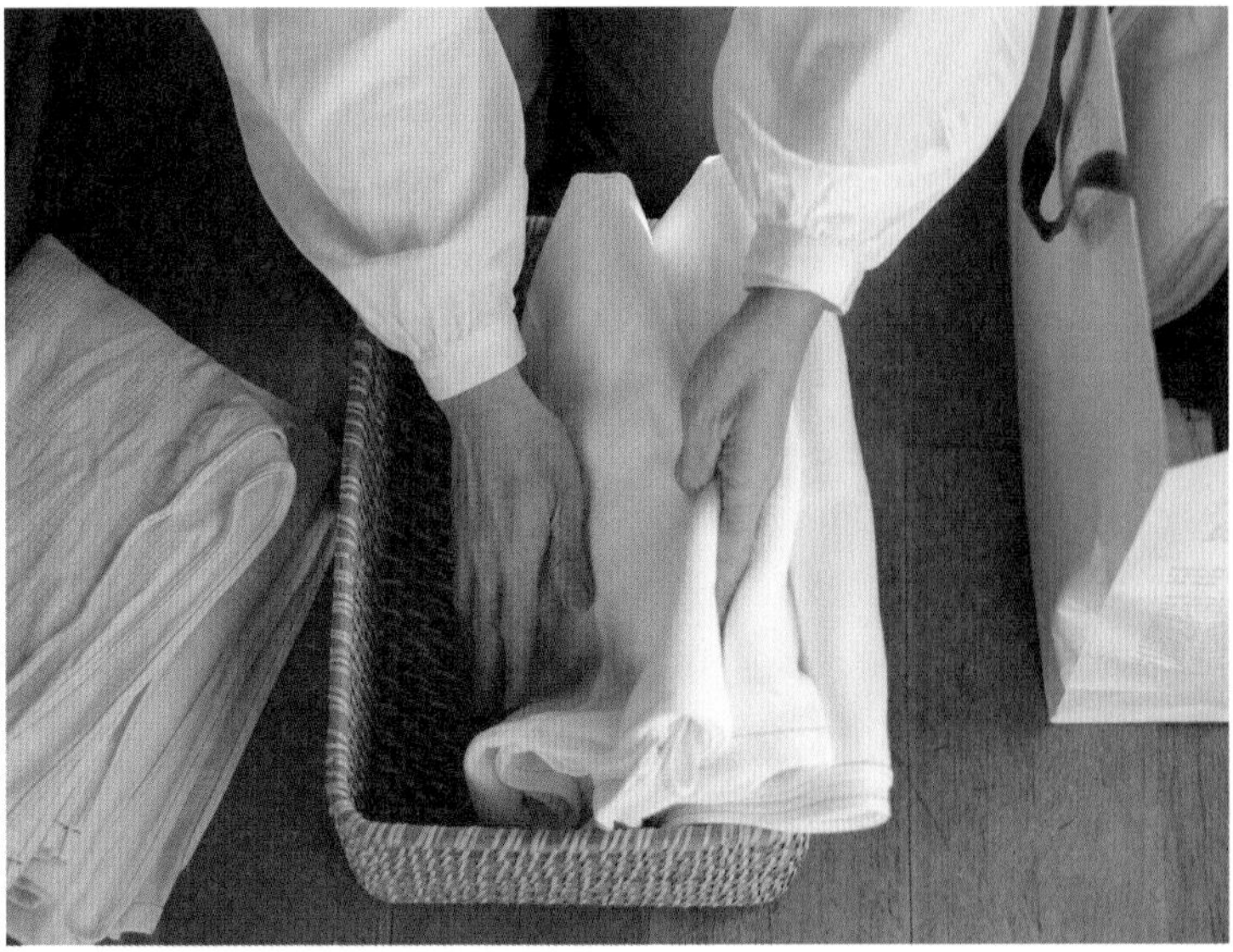

1年の始まりに
タオルを「せ〜の」で
全取り替え

1年分の文旦ジャムを煮る

夫婦で誕生日をお祝いし、「これから」を見通す

昔々、今の夫と付き合い始めた頃、大げんかしたことがあります。原因は、誕生日の迎え方について……。私は子供の頃から、誕生日といえば、家族全員にお祝いをしてもらい、ケーキに立てたロウソクをフ～ッと吹き消して過ごしたものです。一方夫は、「ある程度の年齢になったら、誕生日なんて祝うほどのこともない」というドライな意見の持ち主。誕生日当日、せめて花1輪でもプレゼントをもらいたいのに、なんにもない……。そのことに私は傷つき、シクシク泣き、やがて腹が立ってプリプリ怒り、大げんかになったのでした。

「誕生日は、○歳になった、という年齢をお祝いするんじゃない。この世に生まれてきたことをお祝いするんだよ！」とコンコンと説明したあの日を懐かし

く思い出します。今では、互いの誕生日は、相手には内緒でレストランを予約して、ご飯を食べに行くようになりました。

誕生日に外食をすると、1年の節目を意識するからか、自然に「これから」の話をするようになります。これからどんな仕事をしていきたいか、という具体的なことから「老後は海の見える田舎で暮らしたいね」という夢物語まで。いつもは、今日は明日の続きだけれど、1年に1度、自分の人生という時間の「帯」を俯瞰してみることは、なかなかいいなと感じています。

ずっと「人生の計画を立てる」ということが大の苦手でした。よく「10年後のことを考えて、今やるべきことを決めましょう」というフレーズを耳にするけれど、5年後、10年後のことなんて、考えたってわかるはずがない、と思っていたので。目の前のことを一生懸命やるだけで精一杯で、「なるようになるさ」と生きてきた気がします。人生は、自分でグイと舵を切るものではなく、木の実が熟してぽとりと落ちるように、自然に結果が出るものだと信じていました。

でも……。この年齢になって「計画」という意味がやっとわかってきた気がします。それは、計画通りにいかなくてもいい、ということ。私は計画倒れになるたびにイライラし、自分のダメさ加減にげんなりし、後ろめたい気持ちになっていたのでした。そんなに不機嫌になるなら、計画なんて立てない方がいいと……。でも、もしうまくいかないなら、旗を違う場所に立て替えればいいだけ。そうわかってからは、ぐんと気楽になりました。

たとえば「老後は海辺で暮らしたい」と夢物語を描けば、遊び感覚で、ネットで不動産情報をチェックしてみたりします。田舎の物件価格が把握できると、いくらぐらい貯金すればいいかもわかってきます。すると、「この服買おうかな」と思っても、ちょっと我慢するようになる。計画を立てるってそういうことなのかも……。

5年ほど前、実家の母からの申し出で、互いの誕生日にプレゼントを贈り合うのをやめることにしました。年老いた両親にとって、買い物に出かけてそれを発送するということが、負担になってきたよう。その代わり、私は父と母の誕生日に、ファックスでメッセージを送るようにしています。父は87歳。母は77歳。来年も誕生日を祝うことができるかな？　と思うと、胸がキュンと痛くなります。

1年に1度の誕生日は、流れ行く月日をちょっと止めて、命をいただいたことに感謝する日。「これまで」と「これから」の接点になる日だと思います。

習い事は1年でやめる

私は熱しやすく冷めやすいタイプで、若い頃はそれがコンプレックスでした。取材に行くと、感動して、すぐにその人の真似をしたくなります。でも、すぐに飽きて、長続きしなくて、また新しいことを始めたくなる……。「どうして、私ってこんなに三日坊主なんだろう？」と落ち込んだものです。そして、そんな自分を変えたいのに変えられなくて自己嫌悪に。ジタバタした結果、たどり着いたのは、三日坊主はどんなに努力しても直らない、ということでした。

もうひとつのコンプレックスは「個性がない」ということです。優等生体質で、人と揉めることが嫌い。つい、周りの人の顔色を窺ってしまい、「誰がなんと言おうと私はこれが好き！」と言い切る強さはありません。そんな時、雑誌の取材で片桐はいりさんにお話を聞いた時のこと。個性の塊のような片桐さんは、こう語ってくれました。「個性って、トイレのこびりカスのようなもの。流しても流しても流れず、そこに残っているもの」

それって、私の三日坊主じゃん！　と思ったのです。直そう直そうと思っても直らない……。だったら、それこそ私の「個性」になるんじゃないかって。三日坊主を上手に利用してみればいいんじゃないかって。

「わあ、これやってみたい！」と何かを始めたくなるのは、その「経験」によって自分がどう変わるかを見てみたいという時です。私の場合多いのは、ヨガやピラティス、ジムなど「体」にまつわる習い事。でも、仕事が忙しくて、途中で通えなくなり、自然にフェードアウトすることを繰り返していました。

そこで最近では、何かを始める時には、「とりあえず1年やろう」と考えるようになりました。ただし、短期間で「わかる」ために、必ずパーソナルレッスンを選びます。少しお金はかかるけれど、一対一で習う方が、断然わかりやすいし、上達が早いよう。私の場合、突き詰めて探求する、というよりも「ヨガってどういうもの?・」「ピラティスって何をするの?・」ということがわかればそれでいい。それがわかったらやめていい、と割り切ることにしました。

その代わり、レッスンに通ったら、必ず「お土産」を持って帰ることにしています。つまり、「その場だけ」ではなく、「家でできること」を教えてもらうということ。たとえばヨガなら、レッスンに行くたびに、「これをひとりでできるように」と動き方を覚えるように心がけます。ピラティスはマシントレーニングだったけれど、「家でもできることはありますか?・」と先生に聞いて、マットの上でできる方法を教えてもらいました。

こうして、1年ぐらい経って「なんとなくわかってきたな」と思ったら通うのをやめます。そしてお土産として蓄えたものを組み合わせて、毎朝のストレッチタイムを構成。つまり、三日坊主の数だけバリエーションが増えるということになります。

何かを始めようとする時、「どうせ続けられないしな」と考えると、腰が重くなります。「ま、いいさ、すぐにやめたって」と気軽に考えれば、あっちの扉もこっちの扉も開けてみることができます。これは習い事だけでなく、どんなことにも応用可能なのかも。

料理でも、取材先で知ったおいしそうなものは、家に帰ってすぐ作ってみるし、便利そうな掃除道具や洗剤があったらすぐに買ってみる。最近では、仕事仲間でiPadを使っている人が増えてきたので、「なになに？　どこが便利なの？」と聞いて、さっそく真似して導入してみました。

なんでも飛びついてやってみて、飽きたらやめる。「飽きる」ことに後ろめたさを感じない。そう決めたら、「新しいことを始める」楽しさをワクワクと楽しめるようになりました。こんな私でも続けられることが、私にとって本当に必要なこと。そうやって自分の暮らしをどんどん更新し続けることが面白い……。今では、三日坊主は、更新上手なのだと思うことにしています。

年末は海外逃亡し、自分の殻を脱ぎ捨てる

年末、クリスマスの少し前には、無理やり仕事を片付けて「あとはお願い！」とお任せし、海外へ逃亡することにしています。フリーライターという職業は、自分で仕事を選び、スケジュールを決めるので、一見自由に見えますが、その実態は居酒屋さんのようなもの。あらゆるネタを用意して準備を整え、オーダーがあったら「はい！　喜んで！」とお受けする……。だから勝手に「今日は休業」というわけにはいきません。唯一、大義名分のもとに休めるのが、年末年始というわけです。クリスマス前に出発するのは、その方が年末年始をまたぐ日程より、少しだけ旅行代金が安いから。年内には帰国します。

とは言っても、どこへ行くかは夫任せ。直前までバタバタと仕事で忙しい私

は、「えっと、今日から行くのは、リトアニアだっけ？　それともブルガリア？」なんて聞くほど何にもわかっていない、という始末です。私にとって、年末の旅は、どこへ行くのか、何をするのかは、あまり関係ないのです。その目的は一つだけ。「ここ」ではないところに行くため。

日々の流れの中にいると、どうしてこの仕事をしているのか？　私は何が好きなのか？　何が幸せなのか？　ということがわからなくなってきます。それを再確認するために最も有効な手段が、日常から一歩出る、ということだと思います。

体を壊した時に初めて、昨日まで「当たり前」だった健康というものが、当たり前でないと知るように、ものごとは表からと裏からでは、まったく見え方が違うのだなあと驚くことがあります。ある時、読者の方からお手紙をいただきました。そこには、「私は暮らしの本を読むのが大好きだけれど、実際は片付けられなくて、素敵なインテリアのページを眺めては途方にくれています。憧れはあるけれど、私はそんな素敵な部屋にはきっと住めないと思います」と綴られていました。そうか！　みんながスッキリ片付いた部屋で暮らすために頑張るわけじゃないんだ！　この事実はまさに青天の霹靂《へきれき》で、ここから大きく考え方を変えざるを得ませんでした。誰もが「完璧」を求めているわけじゃない。私が100点だと思っていることが、万人の幸せにつながっているわけじゃない……。

50歳を過ぎた頃から、すでに知っていると思っていた事実が、実はこういうことだったんだ！　と再定義することが面白くてたまらなくなってきました。

若い頃、いい大学を出て、いい会社に就職し、そこで出会った人と結婚すれば、「上がり」だと思っていたけれど、ちっともそうではありませんでした。「結婚」は「始まり」だったし、そもそも、人生に「上がり」なんてなかった。「あそこまで行こう！」と頑張って歩いて、やっと到着したと思ったら、また先に続く1本の道が見えてくる……。

私たちが今見ているものは、ものごとの側面でしかない……。そのことを自覚しておくのは、とても大事なことなんじゃないかと思います。そして、私たちはいろいろな体験を通して、一つの物体にあちこちから光を当てて、その形を確認するかのように、「真実」というものを探り当てていきます。「え～！　そうだったの!?」と驚愕するとともに「真実」の再定義をすることこそ、人生の醍醐味じゃないかなあと思います。

現実の一歩外に出て、いつもの自分の生活にあちこちから光を当ててみる、ということが、私にとっての年末の旅です。旅先では、朝起きて、散歩をし、市場やスーパーマーケットを巡り、夕暮れを眺め、お腹がすいたらご飯を食べる、というなんでもない1日を送ります。そのうちに、だんだん自分がまっさらになっていくのを感じます。最初の2～3日は、まだ仕事のことを考えたり、これからやらなければいけないことを思い描いたり……。すべてが抜けるのに数日はかかります。一旦自分をまっさらに戻すことで、やっと自分を俯瞰で眺められるようになります。それは、「自分」という殻を一度脱ぎ捨てる作業のような気もします。

年の初めにお世話になった方に お菓子を送る

年末になると「今年は何にしようかなあ?」と頭を巡らせ始めます。毎年、お世話になった方にその年に私が出会ったベストワンのお菓子を送ることにしています。本来なら、お歳暮として送るものなのでしょうが、いつも年末ギリギリまで入稿でバタバタしていることもあり、年始のご挨拶にするようになりました。

「デルベア」のバウムクーヘン、「カオリーヌ菓子店」のバスクチーズケーキ、「ボートン菓子屋」の焼き菓子詰め合わせ、「ヴォアラ」のクッキーなどなど。どれも、取材先でご馳走になったり、出会った人からいただいたり、イベントで作り手さんと直接知り合ったりと、実際に私が食べて「う〜ん、なんだ!

このおいしさは！」と驚いたものばかり。

偶然出会ったお菓子は、必ず自分でもう一度買いに行ったり、取り寄せたりして食べてみます。「ボートン菓子屋」の焼き菓子は、「北欧、暮らしの道具店」の取材を受けた際に「会社の近くにあるお店なんです」と買って持ってきてくれたものでした。私は、クッキーなら口に入れるとホロホロと崩れ落ちる柔らかいものより、ポキポキ食べられるような硬いものが好き。パウンドケーキも、ふんわりというより、しっかり焼きしめられているものが好きです。「ボートン菓子屋」のものは、まさにストライク！　さっそくお店に行ってみて、今年の年始のご挨拶はこれにしようと決めました。クッキーやパウンドケーキを取り混ぜて作ってもらったギフトボックスは、パッケージもとてもかわいくて、みなさんに喜んでもらえました。

最近では、「今年はどんなお菓子を送ってくれるのか、楽しみだったんですよ」と言っていただくことも増え、お送りしたお菓子を先方がリピート買いしてくださるように。そうなると、なんだかお菓子を作ってくださっている人と、私と、送り先というトライアングルでキャッチボールをしているようでワクワクしてきます。

毎年、1年の仕事がすべて終わった年末近くに、この準備を始めます。今年1年でお世話になった方々の顔を思い浮かべながらリストを書いていると、「いろんな方の力を借りて、仕事をしたんだなあ」と思い出すことができます。いつも「ガンバッテ」仕事をしている私は、気をつけないと「ひとりでガンバッテ」いるつもりになってしまいます。「私が」いるつもりになってしまいます。「私が」素敵な人を探してきて、「私が」取材をお願いして、「私が」文章を書いている……。そんな風に「私」の意識が強すぎると、その間にいろんな人がいて、その手を借りていることをすっかり忘れてしまいます。でも実は、キッチンを見せてくれたり、着こなしを紹介してくれたり、今まで歩んできた道のことを話してくれたりと、いろんな方が自分の扉を惜しげもなく開けてくださるからこそ、私はその中をのぞいて「へ〜」と感動し、自分の家へとそれを持って帰って咀嚼し、文章に綴ることができる……。1年に1度の贈り物の準備は、このことを思い出す儀式にもなっているのかもしれません。

私はフリーライターなので、若い頃から「あの人に負けないように」「あの人よりいいページが作れるように」ということをモチベーションに仕事をしてきました。誰よりも頑張って、誰よりも先にゴールにたどり着きたかった。でも、最近「ひとり勝ち」したって、ちっともハッピーじゃない、ということに気づいてきました。私ができないことを、あの人がやってくれて、私ができることを、この人に手渡して、ひとりでやるよりも、できることが2倍3倍に広がっていく、そんな体験の方がずっとワクワクするんじゃないかと。得たものを、自分ひとりで抱え込まないで、ラグビーのあの横パスのように、隣にいる人に手渡すことで、遠いゴールまでボールを運んでいくことができる……。「今年のお菓子のベストワン」を送ることで、私は自分が手にしたものを誰かにパスする練習をしている気がします。

お正月、実家で坊主めくりをする

毎年1月2日頃に、兵庫県にある実家へ帰るようにしています。年末は少し早めに冬休みをいただき海外へ。12月30日か31日あたりに帰国して、バタバタと旅の荷物を片付けて、すぐに実家へ。昔は海外で年越しをし、お正月も実家には帰らない、ということもあったけれど、年老いた両親とあと何回一緒にお正月を過ごせるだろう、と思うと、何をおいても帰りたい、と思うようになりました。

大雑把な私と違って、母は几帳面なので11月あたりから、スケジュールを決めて少しずつ家中の大掃除をしています。天井や壁までホコリを払ったり、窓ガラスをピカピカに磨いたり。だから、新年に私が帰った時には家中が清々しい空気で、テーブルには真っ白なレースのクロスが敷かれておせち料理を入れた重箱や、お屠蘇《とそ》のセットがきちんと並べられています。

幼い頃から当たり前にあったこのお正月の風景が、もし母がいなくなったらもう二度と見られないんだなあと思うと、ひとつひとつを見逃すまいと思わずにはいられません。私はおせち料理を作らないし、家で夫とお屠蘇を酌み交わすこともありません。毎年なんとなくお雑煮を作るぐらい。お正月らしいお正月を迎える家庭も少なくなってきているのではないでしょうか。

重箱を開けると、棒鱈を煮たものや、黒豆、紅白のかまぼこなどが並んでいます。それを見るたびに、幼い頃母についてお正月の買い物に行ったことを思い出します。師走《しわす》の木々が枯れた無彩色の空気の中、重たい荷物を持って帰ったなあ。実家のお正月風景には、裏側にそんな自分のルーツがつながっていて、普段の取材帰りに立ち寄るのとは一味違う味わいがあります。そして、大切に育ててもらったことを感謝したくなります。

2日の夜には、妹一家が夕飯を食べにやってきます。メニューはいつも焼肉！　前菜におせちをつまんだ後、ホットプレートを出して、ジュージューとお肉や頭付きのエビを焼いたりします。甥や姪も、ふと気づくと大学生と社会人に。仕事の話や就職活動の話をしながら、時が経つ早さに驚きます。食後はみんなで恒例の坊主めくりを。20歳をとうに過ぎた甥や姪と一緒に「うわ〜、また坊主だ〜！」と盛り上がります。

ワイワイと賑やかに過ごした後、帰り支度を始めた彼ら、彼女らをマンションの駐車場まで送りに行きます。「ばいば〜い、またね〜」と手を振りながら、毎回「ああ、家族ってこういうものなんだなあ」としみじみ思います。私は子供がいないので、こうして「子供を育てる」「家族をつくる」という人生を体験しませんでした。

若い頃は、フリーライターとして仕事をすることだけで精一杯で、子供は大好きだけれど、産んでしまったら仕事と両立できない……と思っていたのでした。あの頃の私は「結婚して子供を産む」ということの意味が、まったくわかっていなかったなあと思います。私は夫とふたり暮らしなので、ふたりがいなくなったらおしまいです。でも、妹たちには息子、娘がいる。つまり、家庭の中には「未来がある」ということ。ああ、「命を継ぐ」ってこういうことなんだ、とやっと理解した気がするのです。

人は人生の中で経験する当たり前のことを、こうやって「ああ、そうか」とわかっていくものなのだなあと思います。「結婚」「出産」「子育て」「仕事」。人間の営みとして当たり前のことも、本当に「わかる」ことは難しい……。

1年に1度、実家でお正月を過ごしながら、私は幼い頃からずっと続いている自分のルーツに思いを馳せ、先人たちからずっと繰り返されてきた「人生」というもののしくみを考えているのかもしれません。

1年の始まりに
タオルを「せ～の」で全取り替えする

バスタオルもフェイスタオルも、「伊織」というブランドの平織りのものを使っています。ふんわりした厚手のものではなく、起毛していないノンパイルタオルです。薄手なのですぐにパリッと乾き、しまう時にも場所をとらず、長年ずっと使い続けているお気に入り。新年になると、このタオルを全取り替えします。年末に新しいタオルを買いに行き、古いタオルは、大晦日にお風呂に入る時に最後に使って1年のお役目終了。1月1日の朝から新しいものに切り替えます。元旦の早朝、半身浴をしてまっさらなタオルで体を拭く時の気持ちいいこと！

「我慢すればまだ使えるんだけれど」と胸の奥がチクリと痛むこともあるけれ

ど、ここで思い切ってエイッと全取り替えするのがポイントです。ずるずると使い続けていると、「替え時」が判断できなくなってしまうので。1年間使って薄汚れてしまった古いタオルは、小さくカットしてウエスに。キッチンにスタンバイさせて、鍋やお皿の油汚れを拭き取ったり、ガスコンロ周りの油汚れをそのつどサッと拭き取ったり。洗いざらした布は水分や油分をぐいぐい吸い取ってくれて大助かり。もったいながらずにジャンジャン使えるのもいいところです。

買った時には、真っ白だったタオルが1日1日と使い続けているうちに、だんだん黄ばんで薄汚れてきます。毎日洗濯しているのに、気がつけば古びている……。古いタオルを見ると、そこに私の1年が澱《おり》のように溜まっている気がして、黄ばみも汚れも、時が積み重なった証しなのかなと、なんだか愛おしくなってきます。そこに溜まっているのは、私の「意図しない時間」です。「こうしよう」とか「あれがやりたい」と考えたり、決めたりしたものではなく、淡々と毎日を送っているうちに、意識の外側に降り積もったもの……。

仕事をしていると、目標を立て、スケジュールを決めて走り出し、ゴールすれば「成果」という形で、自分が過ごしてきた時間を評価します。そうやって「生産性」を上げることが、充実した人生を送るための術だと思っていました。でも、人はある時点で「生産」することができなくなります。仕事ができなくなった時＝価値あるものを生み出すことができなくなった時、果たして何を頼りに生きていけばいいのだろう？　とふと不安になります。毎年タオルを取り替える時、黄ばんだ古いタオルが、淡々と暮らすことの力を思い出させてくれます。何も生産しなくても、1日1日と暮らしていけば、必ずそこには降り積もるものがある……。

「外の音、内の香」というウェブサイトを立ち上げたのは、3年前のことでした。雑誌や書籍の仕事は、誰かにオファーをされて初めて成り立つもの。誰もオファーしてくれなくなったとしても、私はおばあちゃんになるまで、その日見つけたワクワクしたものを言葉に綴り、誰かに読んでもらいたい。そんな書くための自分の「場」を自分で作りたい、と考えたのでした。でも……。運営するためのお金を、どう生み出したらいいのかわかりません。そのしくみがわかってから始めよう。そう思っていたのに、いつまで経ってもその方法が見つかりませんでした。だったら「走りながら考える」ことにしよう、と1円もお金を生み出さないのを承知で、見切り発車したのでした。

今でもこのサイトは1銭もお金は生まないけれど、たくさんの方が読んでくださるようになり、コンテンツの中から本が生まれました。お金を生み出さなくても、サイトは私にとってなくてはならないものに成長してくれました。

1年に1度タオルを「せ〜の」で全取り替えするように、新しいことを始めるには、怖くても、不安でも、エイッと思い切る勢いが必要。先が見えなくても、走り出してしまえば、なんとかなります。「わかる」と「わからない」の境目なんてない。ある日何かが急に理解できるなんて、そんな奇跡はめったに起こらない。頼りになるのは、今まで無意識に積み上げてきた私の体力だけ。古いタオル6枚と新品のタオル6枚。新年にふたつの山を目の前に、そんな自分自身の「終わり」と「始まり」を実感する……。それが私にとって恒例の交換儀式です。

新しい手帳にスケジュールを書き込む

お正月、手帳を新しくすると、なんだか背筋が伸びる気がします。まずは年末に新しいリフィルを取り寄せておきます。もう10年以上使っている手帳は「アクションプランナー」。本革のカバーなので、リフィルだけを取り替えて使い続けています。見開き1ページで1週間になっていて、朝6時から夜11時までメモリが打ってあります。これが大事。仕事の予定が決まったり、誰かと食事に行くという小さな計画を立てたら、「その時間」の罫線の上に書く。こうして仕事でも、遊びでも「自分に約束をする」つもりで書き込めるのがこの手帳の特徴です。

最初に「PROJECT AT A GLANCE」という年間スケジュールを

書き込むページがあります。「AT A GLANCE」とは「一目で」という意味。2か月ごとに見開きでスケジュールを見通せるようになっています。毎年新年に、ここに1年の予定を書き込むのが習慣となりました。私の場合、「暮らしのおへそ」「大人になったら、着たい服」など、定期的な仕事が入っているので、その取材をいつ頃から始め、いつ入稿するか、1年の中でフィックスされている仕事を、書き込んでいきます。

まだいつもの日常が始まる前、お正月気分のゆったりした時間の中で、まっさらな手帳を広げる……。私はこの時間が大好きです。今年はどんな1年になるのだろう？　と考えながら、ものさしでシュッと線を引き、「ここから、ここまで取材」「この辺りで入稿」などと記入していきます。

でも、実は「スケジュールを立てる」ということ自体はいちばん苦手。お正月の儀式は、すでにフィックスされている予定を書き込んでいくだけだからスムーズなのです。どうなるかわからない、見えない予定を予測し、組み立て、手帳のメモリの上に落としていく。この作業は本当にキライです。きっとどこかで「どうせ予定を立てたって、その通りにいくはずがない」と思っているからなのだと思います。計画を立てその通りに実行できなかった時の罪悪感や後悔を味わいたくない。だから仕事はいつも行き当たりばったり。「ここまでに終わらせなくちゃ」とお尻が見え始めてから、気合いと体力とはったりで、無理やりゴールまで突っ走る……。逆に、ひと仕事終えて、やっと休みになると、脱力して、なんにもできずに1日が終わる……。そんな繰り返しでした。

自分の気分で、1日のスピードが遅くなったり、超特急になったり、集中したり脱力したり……。そんなジェットコースターのような過ごし方から卒業したいなと考えるようになりました。1年ほど前から「時間管理が上手になるように」と試行錯誤を始めています。

まずは、何にどれぐらいの時間がかかるのかを把握することからスタート。1冊の本の取材にはどれぐらいの月日が必要か？　原稿を書くには何週間あればいいか、を数字化します。逆算していつ、何をやるべきかを考えるというわけ。今は、最も苦手なこのプロセスを少しずつ実行している最中です。

このスケジュール管理に着手し始めて、最初にわかったのが「前倒しをして始めると、仕事のクオリティが上がる」ということでした。少し早めにスタートすれば、取材する人を選ぶ時に、あれこれ本を読んでみたりと、今までよりひと手間多くかけることができます。原稿を書く時にも、締め切りギリギリより早めにスタートすれば、1本1本の原稿と丁寧に向き合えます。

そして、仕事が一段落して、ぽっかりと空っぽの時間が生まれたら、「なんにもしない」というのもひとつの時間の使い方なのかなあと思うようになりました。無理をして、意味のある時間を作ろうとするより、ゴロゴロ寝転がったりしてもいい。そんな自分を許して、「ちゃんと休む」ことも「人生のハンドルを握っている」ことになるんじゃなかろうか、と思います。

これからは、新年の手帳との向き合い方も少し変わってくるかもしれません。「決まっていること」だけでなく、「決まっていないこと」まで書き込めるように。そして、予定のない空白も味わえるように。見えない予定に輪郭をつける作業を練習してみたいと思っています。

新年にゆっくり家中の小掃除をする

毎年12月下旬まで仕事でバタバタし、それが終わったら旅行に出かけるので、年末の大掃除ができません。その代わり、年が明けると、1か月ほどかけて少しずつ家中の掃除に取り掛かります。この新年の「ゆっくり大掃除」がなかなか気に入っています。私は「けじめ大好き人間」なので、1年の始まりのまっさらな1月は、清々しい気分になり、なんだかやる気がモリモリ湧いてきます。そんな「前向きモード」な自分を利用して、普段は見向きもしない、家中の細かなところの掃除に取り掛かるというわけです。

この大掃除、一度にすべてをやろうとしない、というところがポイント。「今日は食器棚の日」と決めたら、食器棚から食器をすべて出して、棚板や扉のガラスを拭き、食器を元に戻します。棚の隅には思っている以上にホコリが溜まっていて、毎年びっくりします。キッチンは、1日目はシンク下の鍋を出して拭き、2日目はパントリーがわりに使っている棚のかご1個1個の中身を出して、乾物やスパイス類の賞味期限をチェック。3日目には冷蔵庫の中身も全部出して拭いたり、野菜室の引き出しを洗ったり。

普段は大雑把で、冷蔵庫の棚にソースがこびりついてカピカピになっていても、ほとんど見えていないワタクシですが、この時ばかりは、隅々までチェックして、きれいにします。そして、掃除をすることは、家との対話だよなあといつも思います。「そうか、こんなところに汚れが溜まっていたのね」と、家の声に耳を傾けているような気分になるのです。

だからこそ「疲れない」ということがとても大事。欲張ってあっちもこっちもと、1日で掃除をしようとすると、ヘトヘトになります。疲れると手は動かせても、心がついてこなくなります。だから、1日1箇所だけと決めて、余力を残して「また明日」と切り上げることが大事。

やらなければいけない掃除を小さく分解する……。つまり「大掃除」というよりは、「小掃除」の足し算といった感じです。

最後のクライマックスは障子の貼り替えです。我が家は古い日本家屋なので、畳の部屋二間に合計8枚の障子があります。部屋の中にブルーシートを広げ、まずは古い障子を剝がすところからスタート。これがいちばん大変です。スポンジに水を含ませて、桟に沿って障子紙の上からポンポンとたたき、水分によって剝がれてくるのを待ちます。やっとすべてを剝がし終わったら、新しい紙を貼っていく……。こればかりは半分ずつ分けてやるより、1日で一気に仕上げた方が能率がいいのです。最初の頃は、朝始めて夕方までかかっていたけれど、最近では慣れて半日ほどでできるようになりました。

すべての障子を貼り替えた時のさわやかさといったら！　真っ白な障子から夕暮れ時の陽の光が差して、家中の空気が新しくなった気がします。さらにお楽しみは翌朝。朝目覚めてカーテンを開け、部屋の隅っこに立って、全体を眺めると、さあ、これから私の1年が始まるぞ！　という気分になります。

毎年この作業を繰り返しながら、私はやっぱり「暮らし」が好きだなあということを確認している気がします。掃除の仕方をひとつ工夫すれば、1日が変わる……。部屋をきれいにすることと、自分の頭や心は繋がっている……。もし、雲の上に「真実」というものがあって、みんなが「アート」や「ビジネス」「音楽」など、それぞれの得意とする梯子をかけて、それを手にしようとするならば、私は間違いなく「生活」という梯子をかけ、「暮らし」の中から「真実」を探し出そうとしているんだなあと思います。

き〜んと寒い1月。白い息を吐きながら、ガラス窓を拭いたり、お風呂の天井を掃除したり。それは、私の仕事も、日々の喜びも幸せも、すべてがここから始まるのだと再確認する新年の恒例行事です。

1年分の文旦ジャムを作る

毎年1月になると、高知で無農薬で柑橘類を中心に果物を作っている「ろぼ農園」さんに文旦を注文します。届くのは、2月中旬から下旬頃。これで、1年分の文旦ジャムを作ります。30代の頃だったでしょうか？ 雑誌を見ながら初めて夏みかんでジャムを作り、そのおいしさに心底びっくりしたことを今でも覚えています。できたてをスプーンですくって食べてみたら、夏みかんの香りがす〜っと鼻に抜けて、ジャムってこんなに香りのある食べ物だったんだ、と初めて知りました。さらに、皮の苦味がしっかりする、というのも気に入ったところ。私は、ゼリーのようなジャムよりもしっかり果実味のある皮が生きたマーマレードが大好きなので。

しばらくして、堀井和子さんの本で、文旦のジャムの作り方を知り、さっそく真似して作ってみました。するとそのさわやかなこと！　夏みかんよりさらりとしてシンプルな味。淡くて薄い味なのに文旦の風味がしっかりする……。そのおいしさにすっかりハマってしまいました。

でも、皮を使うジャムでは、無農薬の文旦を手に入れるのが至難の業。自然食品の店でも、果物は減農薬のものがほとんどなのです。そんな中で知ったのが「ろぼ農園」さん。もうあちこち探し回らなくても、毎年安定して取り寄せられるようになり大助かりです。

文旦が届くと、まずは皮をむきます。文旦は大きいので6個ほどをむくのでも大仕事。外側の皮をむき、次に果肉の薄皮を一つずつむいて中身をボウルにためていきます。やっとむき終わると、今度は皮をひたすら刻みます。文旦は内側に分厚い白いワタがついているのですが、これを煮込むと透明に透き通ります。ここがおいしい！　なので、ワタはつけたまま。結構な力仕事で大変ですが、包丁で分厚い皮をトントンと刻んでいきます。面倒くさがりの私がよくぞこの作業を毎年続けられるものだと思いますが、毎日食べるものですから、おいしいジャムは何より重要。むいて、刻むという作業さえ終われば、あとは大鍋に果肉と皮、文旦の総量の7割程度のグラニュー糖と少量の水を入れて煮込むだけです。グラニュー糖の半量を甜菜糖などに替えることもあります。私は1年分を作りますが、初めて作る方は、文旦1個からでも大丈夫！　たぶん2瓶くらいはできると思います。

クツクツと煮えてくると、家中に文旦の香りが広がります。この間に空のビンを煮沸してスタンバイ。出来上がったジャムをビンに移して並べると、陽の光にジャムがキラキラと輝いて、それはそれはきれいです。香りも、そして作っている途中の風景も、プロセスすべてにワクワクするので、面倒な作業が苦にならないのかもしれません。こうして10瓶ほど作ると、冷凍保存をして、1年間かけて食べるというわけです。

まだ外は寒い初春に、この作業をしていると、なんともいえない穏やかな気持ちになります。我が家は古い一軒家なので、冬はガスストーブをつけないと外よりも気温が下がることがあります。2月の終わりといえばまだまだ寒い。でも、私はこの寒さが嫌いではないのです。き〜んと尖った空気の中、ハッと息を吐けば白くなって、ストーブをつけると少しずつ空気が柔らかく暖まっていく。その中で淡々と文旦ジャムを作る……。

1年の始まりに、「これから」に思いを馳せる時、歳をとり、もし仕事がなくなったら、と思うと不安でたまらなくなることがあります。いったいいつまで私は文章を書いてそれを生業とできるのだろうと。でも、文旦ジャムの甘くてさわやかな香りに満たされていると、「ま、いいじゃないか」と思えます。仕事がなくなったら、生活をひと回り小さくして、毎朝好きなジャムでトーストを食べられたらそれでいい。縁側からの日差しに春を感じながら、文旦を刻むひとときは、毎年「シアワセ」について考える時間でもあります。

おわりに

この本のタイトルを『暮らしの中に始まりと終わりをつくる』ではなく、『暮らしの中に終わりと始まりをつくる』にしたのにはわけがあります。それは、私の中のいたって感覚的な理由なのですが、どんなことも「終わり」があってこそ「始まり」が生まれる……と思っているから。つまり、さらさらと流れる水のように、途切れることがない日常では、まずは「終わり」を見つけることが大事、と思っているということです。

それは、たぶん私が飽き性だから。ずっと同じことを続けていると、たちまち退屈になって、心が鈍化し、同じものを見聞きしても反応しなくなってきます。

「飽きる」という気持ちは、直そうと努力しても直せるものではない……。そうあきらめてから、だったらそれをうまく利用しよう！　と考えるようになりました。

掃除をしたり、ご飯を作ったり、仕事をしたり。当たり前の毎日をワクワク楽しむために、大きな力となるのがしぼりたてのオレンジジュースのような「新鮮さ」だと思います。今はもう社会人となった姪っ子が、3歳ぐらいの頃、一緒に遊園地に行ったことがあります。初めてメリーゴーラウンドに乗った時、まるでおとぎの国に入り込んだかのように、あたりを見上げる彼女の驚きと感動の表情を忘れることができません。「初めて」ってこういうことなんだ！　と教えられました。あんな目で、私もいつもの毎日に向き合いたい……。

そのためには、心がどんよりしてきたら、「よし、おしまい！」とシャットダウンすることが何より有効。一旦ガラガラピシャンとシャッターを閉めるからこそ、体も心もゼロに戻ります。まっさらから始めると、どんなこともキラキラと輝き始める……。

暮らしの中に終わりと始まりをつくる。それは、飽き性の私がなんとか自分を励まし、アンテナの感度を上げるためにつくった苦肉の策でした。この本の中のいくつかの「終わり」と「始まり」が、誰かの心のエンジンをかけ直すきっかけになってくれれば幸せです。

〈著者紹介〉
一田憲子　OLを経て編集プロダクションに転職後、フリーライターとして女性誌、単行本の執筆などを行う。2006年、企画から編集、執筆までを手がける「暮らしのおへそ」、2011年に「大人になったら、着たい服」（共に主婦と生活社）を立ち上げる。自身のウェブサイト「外の音、内の香」（http://ichidanoriko.com）も運営。著書に『丁寧に暮らしている暇はないけれど。』『面倒くさい日も、おいしく食べたい！』『大人になってやめたこと』『おしゃれの制服化』などがある。

暮らしの中に終わりと始まりをつくる
2020年4月15日　第1刷発行

著　者　一田憲子
発行人　見城 徹
編集人　森下康樹
編集者　羽賀千恵

装丁・本文デザイン　引田大
撮　影　在本彌生

GENTOSHA

発行所　株式会社 幻冬舎
〒151-0051 東京都渋谷区千駄ヶ谷4-9-7

電話：03(5411)6211(編集)
03(5411)6222(営業)
振替：00120-8-767643
印刷・製本所：図書印刷株式会社

検印廃止

Printed in Japan
ISBN978-4-344-03600-0 C0095
幻冬舎ホームページアドレス　https://www.gentosha.co.jp/

この本に関するご意見・ご感想をメールでお寄せいただく場合は、comment@gentosha.co.jpまで。

「免震住宅」という選択

もう地震は怖くない！

谷山惠一
TANIYAMA KEIICHI

幻冬舎MC

はじめに

あなたの住む地域で、明日の12：00に震度7の大地震が発生します——もし、政府が正確な情報をもとにそう予告したら、あなたはどうしますか。電車や車でどこか遠くに逃げようと考える人はいても、いつもと同じように自宅で家族と過ごそうとする人は多くはないと思います。自宅が最も安全な場所だと言われても、信じる人はいないかもしれません。

大震災が発生すれば、その被害は非常に深刻なものとなります。現に内閣府は東海地方に震度7の地震が発生した場合、全壊・焼失する建物は最大２３８万６０００棟、死者・行方不明者は最大32万３０００人にのぼると想定しています。

つまり、明日、仮にあなたの住む地域に震度7クラスの地震が発生すれば、家は全壊し、家族も含め、命の危険にさらされる可能性が極めて高いということです。あるいは建物自体の倒壊は免れても、倒れた家具・家電の下敷きとなり、生死の間をさまようことになるかもしれません。

　こうした事態を防ぐために、「耐震」「制震」そして「免震」という3つの建築工法が開発されました。

「耐震」は建物の構造材である柱や梁を金物などで緊結し、さらに筋交いなどで強度を確保する方法です。できるだけ頑丈な造りにして倒壊しにくくするのですが、家が地面に金物で緊結されるので、地震の揺れがそのまま建物に伝わります。

「制震」は建物に伝わる地震エネルギーを内部の壁に設置した制震ダンパーによって吸収し、地震時の揺れを低減する工法です。ただ、あくまで揺れを軽減するに過ぎず、家具や家電の転倒も一定の確率で起きてしまいます。

　一方、「免震」は建物と基礎との間に免震装置を設置し、地盤と切り離すことで建物に地震の揺れを伝えない技術です。建物に揺れ自体を伝えないので、倒壊や事故を高い確率で防ぐことができ、総理大臣官邸など日本の重要な建築物に多く採用されています。しかし、まだまだ認知度は低く、費用も耐震や制震にするのと比べると数倍以上の値段になることから、一般的な住宅にはあまり普及していません。

私は、大学卒業後に総合重工業メーカーに就職し、橋梁（橋）の設計を手掛けてきました。その後独立し、日本だけでなくアメリカ、トルコ、韓国、インド、コートジボワールなど世界各国の大規模な橋梁工事プロジェクトに従事しており、橋梁設計のキャリアは40年以上におよびます。一方、橋梁設計で培った免震の技術を活かし、一般住宅用の免震システム開発を行ってから10数年になります。

橋梁はその国に住む人々の移動や物流を支えるインフラそのものです。ですから、たとえ大地震が起こっても崩落はもちろん、交通の妨げになるわずかな損傷も許されません。それゆえ世界のどの国でも、ある一定規模以上の橋梁を建築する際には、免震化の最先端の技術が求められますし、実際に私も多くの橋梁設計において免震を取り入れてきました。

橋梁で免震技術を磨いてきた私は、日本が地震大国であるにもかかわらず、命を守るために重要な住宅の免震化が進んでいないことに以前から危機感を感じていました。また、私の実家が工務店を営んでいたこともあって住宅に対する思い入れもありました。そんななか、ある工務店の経営者から住宅の免震部分を設計してほしいという依頼を受けたのです。一般住宅の免震化に取り組んだのはこのときからですが、コスト面の折り合いがつかず一度は断念したのです。

そんな私が再び免震に取り組むようになったきっかけは、2011年に発生した東日本大震災でした。東日本大震災では、津波による被害が甚大でしたが、地震の揺れによっても数多くの建物が倒壊しています。その様子に大きなショックを受けた私は一念発起し、さまざまな人の協力を得て住宅の免震化を従来の半分近い値段で実現させる方法を確立しました。

本書では、免震化の最先端を進んでいる橋梁の設計者ならではの視点で地震対策の現状、免震の仕組みを分かりやすく解説します。さらに橋梁設計のかたわらでその技術を応用しながら私が独自に開発した、免震化を従来の約半額で可能にするまったく新しい発想の住宅用免震工法も紹介します。

日本では、ここ30年ほどの間に震度7を記録した大地震が5回も発生しています。阪神・淡路大震災（1995年1月、M7・3）、新潟県中越地震（2004年10月、M6・8）、東日本大震災（2011年3月、M9・0）、熊本地震（2016年4月、M7・3）、北海道胆振東部地震（2018年9月、M6・7）、それぞれ甚大な被害が発生したのを記憶している人は多いと思います。

さらに文部科学省地震調査研究推進本部によると、今後30年以内に大地震が発生する確率は首都圏で70％、東海地方で88％、青森県沖で90％以上など全国各地において非常に高い数値となっています。

30年以内に大地震が起こるのは、あなたの住む街かもしれないのです。そのとき後悔しないために、免震についての理解を深めること――それがあなたと財産、そしてなにより大切な家族を守ることにつながります。地震のとき、自宅にいることが「最大の安全、最高の安心、最良の防災」といえるのではないでしょうか。この本がそのお役に立つことになれば、筆者としてこれに勝る喜びはありません。

もう地震は怖くない！「免震住宅」という選択　目次

［第1章］

明日にも起こりかねない「大地震」

過去約30年間に5回も大震災が発生

日本はここ30数年で明らかに地震の活動期に入っています。気象庁のデータをもとに1923年から2022年の間で、各年の震度6以上の地震の発生回数を数えたところ、図表1のような結果となりました。1993年以降の数字が圧倒的に増えていることが分かります。

特に1995年の阪神・淡路大震災以降は、巨大地震が5回も発生し、日本各地に多大な被害を及ぼしました。

①1995年1月17日「阪神・淡路大震災」

マグニチュード：7・3
死者・行方不明者：6437人
負傷者：4万3792人
家屋全壊：10万4906棟

［図表1］ 震度6以上の地震の発生回数

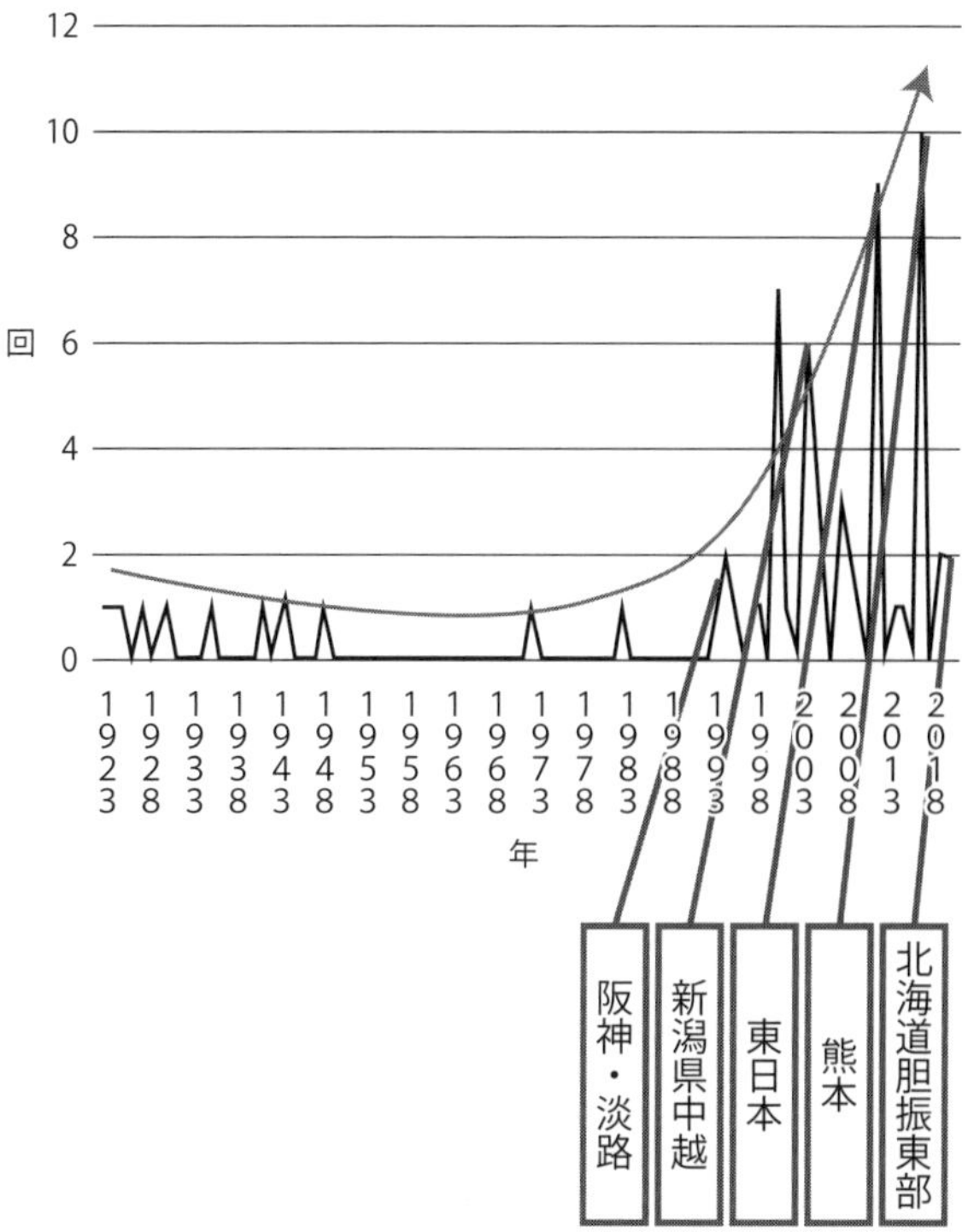

著者作成

家屋半壊：14万４２７４棟

兵庫県淡路島北部沖を震源として、近畿地方の広域に甚大な被害をもたらした震災です。被害総額は兵庫県の推計で約10兆円。犠牲者は６４３７人に達し、戦後日本の自然災害では東日本大震災の発生まで最悪のものでした。

②２００４年10月23日「新潟県中越地震」

マグニチュード：６・８
死者・行方不明者：68人
負傷者：４８０５人
家屋全壊：３１７５棟
家屋半壊：１万３８１０棟

新潟県中越地方を震源とした直下型地震。当時の観測史上では、阪神・淡路大震災に続く2回目の最大震度7（基準の最高値）を記録し、実際の揺れ（加速度）は同大震災を上回るものでした。また、この地震によって新幹線が開業以来初めて脱線するなど甚大な被害が発生しました。

③２０１１年３月11日「東日本大震災」

マグニチュード：９・０
死者・行方不明者：１万８４３０人
負傷者：６１５６人
家屋全壊：12万９３９１棟
家屋半壊：26万５０９６棟

宮城県牡鹿半島沖を震源とした地震。マグニチュード９・０は、日本の観測史上最大の規模となりました。また、最大40mを超える津波が発生するなどで多くの方が犠牲になったうえに、避難生活などで亡くなったいわゆる震災関連死が３７００人以上となり、震災による死者・行方不明者を合わせると合計2万2000人を超えています。

その経済的損失額は、世界銀行の推計で約19兆円。自然災害による損失額としては史上1位となってしまいました。

④2016年4月14日、4月16日「熊本地震」
マグニチュード：6・5、7・3
死者・行方不明者：273人
負傷者：2809人
家屋全壊：8667棟
家屋半壊：3万4719棟

熊本県熊本地方を震源とした地震。気象庁震度階級が制定されてから初めて震度7が2回観測された震災です。このように大きな揺れや余震が連続したことなどで、自宅にいることが不安になり、車中泊を余儀なくされる人が増加。エコノミークラス症候群の犠牲者も多数発生しました。また、前代未聞の2回の震度7の揺れによって、従来耐震性が高いとされてきた2000年以降に建築された家が倒壊するという事態も発生しました。

⑤2018年9月6日「北海道胆振東部地震」

マグニチュード：6・7
死者・行方不明者：43人
負傷者：782人
家屋全壊：469棟
家屋半壊：1660棟

北海道胆振地方中東部を震源とした地震。震源に近い厚真町では大規模な土砂崩れが発生し、36人が犠牲となりました。また、道内すべての火力発電所が緊急停止したために北海道全域の約295万戸が停電しました。そのほかにも札幌市清田区周辺で大規模な液状化現象が発生し、道路が大きく波打つなど甚大な被害に見舞われました。

地震は毎日、数百回も発生している

地震は世界中のどこでも同じように起こっているわけではありません。図表2は、政府の地震調査研究推進本部が公表した、1977年1月から2012年12月までに発生したマグニチュード5以上の地震を示したものです。

この図では、日本全土が黒く塗りつぶされています。日本の国土面積は、全世界の1%未満です。それにもかかわらず、世界で発生する地震の約1割が日本の周辺で発生しています。まさに世界有数の地震大国といえます。

今現在も日本のどこかは揺れています。それは気象庁の「震源リスト」を確認するとリアルに感じることができるはずです（図表3）。

気象庁の「震源リスト」はマグニチュード0・1といった体感できないような微細な地震も観測したデータになります。例えば、2021年11月6日の記録を見ると、なんと1日の間に1060回も地震が発生していました。実に80秒に1回の割合です。

［図表2］世界の震源分布

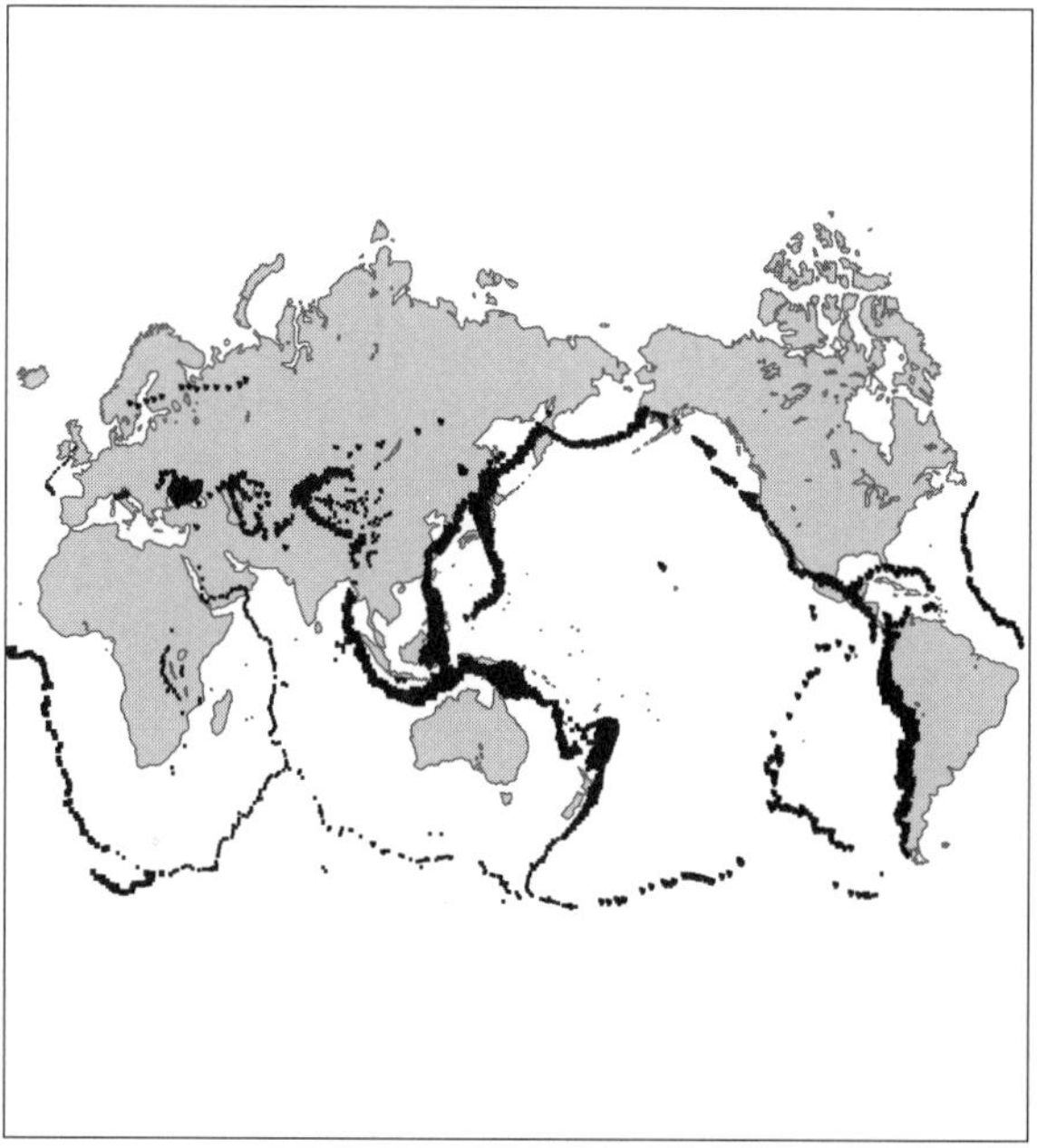

出典：政府 地震調査研究推進本部の図表を基に著者作成

「それは特別多い日ではないか」。そう思うかもしれません。しかし、そうではないのです。試しに昨日のデータを確認してみてください。おそらく数百回は発生しているはずです。

しかもその場所は、図表3に示すように、全国にわたっています。

つまり、日本列島は常に揺れているといっても過言ではありません。我々は揺れる大地の上で日々生活していると認識しなければなりません。

［図表3］震源リスト（2021年11月6日の記録の一部）

年	月	日	時分	秒	緯度	経度	深さ(km)	M	震央地名
2021	11	6	00:00	19.6	32° 47.8'N	130° 38.8'E	7	-0.3	熊本県熊本地方
2021	11	6	00:01	33.5	32° 57.1'N	131° 2.0'E	8	0.0	熊本県阿蘇地方
2021	11	6	00:02	41.1	37° 30.9'N	137° 15.4'E	13	0.8	石川県能登地方
2021	11	6	00:02	51.0	37° 30.4'N	137° 15.6'E	12	1.4	石川県能登地方
2021	11	6	00:03	7.1	32° 13.8'N	130° 20.2'E	11	0.1	熊本県天草・芦北地方
2021	11	6	00:07	11.0	35° 25.7'N	137° 5.2'E	49	1.1	岐阜県美濃東部
2021	11	6	00:11	29.8	37° 42.9'N	139° 16.8'E	16	0.5	新潟県下越地方
2021	11	6	00:13	1.0	33° 42.6'N	130° 12.7'E	3	0.0	福岡県北西沖
2021	11	6	00:17	40.8	32° 22.4'N	130° 32.4'E	7	-0.3	熊本県天草・芦北地方
2021	11	6	00:20	22.3	32° 2.6'N	130° 0.3'E	9	1.2	天草灘
2021	11	6	00:22	4.4	33° 48.2'N	135° 20.9'E	9	0.1	和歌山県北部
2021	11	6	00:22	25.8	34° 58.6'N	134° 7.6'E	16	0.2	岡山県北部
2021	11	6	00:22	31.4	38° 18.8'N	141° 47.6'E	46	0.8	宮城県沖
2021	11	6	00:25	28.8	37° 30.4'N	137° 12.2'E	11	0.5	石川県能登地方
2021	11	6	00:25	52.4	37° 31.0'N	137° 12.2'E	13	0.6	能登半島沖
2021	11	6	00:28	42.2	37° 39.2'N	141° 36.9'E	55	1.5	福島県沖
2021	11	6	00:29	46.5	38° 46.6'N	141° 44.8'E	51	0.5	宮城県沖
2021	11	6	00:32	21.9	38° 54.4'N	140° 51.3'E	8	0.2	宮城県北部
2021	11	6	00:35	10.4	36° 16.6'N	141° 51.5'E	6	1.6	茨城県沖
2021	11	6	00:39	18.1	40° 48.9'N	139° 19.9'E	12	1.5	青森県西方沖
2021	11	6	00:39	40.0	35° 25.3'N	133° 50.0'E	7	1.4	鳥取県中部
2021	11	6	00:40	5.0	37° 58.3'N	141° 56.2'E	45	1.0	宮城県沖
2021	11	6	00:41	32.9	37° 30.6'N	137° 12.0'E	12	1.2	石川県能登地方
2021	11	6	00:55	20.1	28° 16.3'N	129° 27.8'E	31	0.3	奄美大島近海
2021	11	6	00:59	7.0	36° 35.6'N	137° 50.9'E	17	-0.1	長野県北部
2021	11	6	01:04	45.3	37° 46.3'N	140° 3.7'E	9	0.5	福島県会津
2021	11	6	01:06	29.5	37° 38.9'N	138° 23.8'E	22	1.4	新潟県上中越沖
2021	11	6	01:08	22.5	33° 54.8'N	135° 42.9'E	14	0.1	和歌山県南部
2021	11	6	01:10	54.4	36° 7.1'N	142° 9.2'E	7	1.7	茨城県沖
2021	11	6	01:20	21.5	36° 33.7'N	139° 43.8'E	96	0.6	栃木県南部

著者作成

日本に地震が多い理由

では、なぜこれほどまでに日本は地震が多いのか、その理由を考えてみます。

地震には、主に「プレート境界型地震」と「活断層型地震」の2種類があります。

●プレート境界型地震

地球の表面は、十数枚のプレートで覆われています。プレートとは、大きな板状の岩と理解してください（図表4）。

日本の周辺では、太平洋プレート、フィリピン海プレート、ユーラシアプレート、北米プレートが接しており、それらの境界が日本海溝、相模トラフ、駿河トラフ、南海トラフなどと呼ばれるものです。

太平洋プレートとフィリピン海プレートは、毎年数㎝ずつ西に動き、日本列島の下に潜り込んでいます。これによって大陸側のユーラシアプレートの端が引きずり込まれてだんだんと歪んでいきます。この歪みが限界点に達して元に戻ろうとするとき巨大なエネル

［図表4］日本周辺のプレート

著者作成

ギーが放出されます（図表5）。これが日本の太平洋側で発生するプレート境界型地震です。東日本大震災はこのタイプの地震でした。

●活断層型地震

このプレートの歪みによるエネルギーは、内陸部にも及びます。そして内陸部の岩盤が耐えられなくなって割れ、一気にエネルギーを放出することがあります（図表5）。これを活断層型地震（直下型地震）といい、割れた場所を活断層と呼びます。

日本の国土は、この活断層が多いことも特徴です。その数はおよそ2000。阪神・淡路大震災も活断層型地震でした。政府は同地震をきっかけに活断層の調査を実施。活動度や活動した際の社会への影響などを考慮して、114の「主要活断層帯」を選定しています。

主要活断層の分布を表したものが図表6になります。ご覧のように北海道から沖縄まで日本全国に点在しています。つまり、日本国内において「ここなら安心」という地域は、ほとんどないのです。

［図表５］ 地震発生の模式図

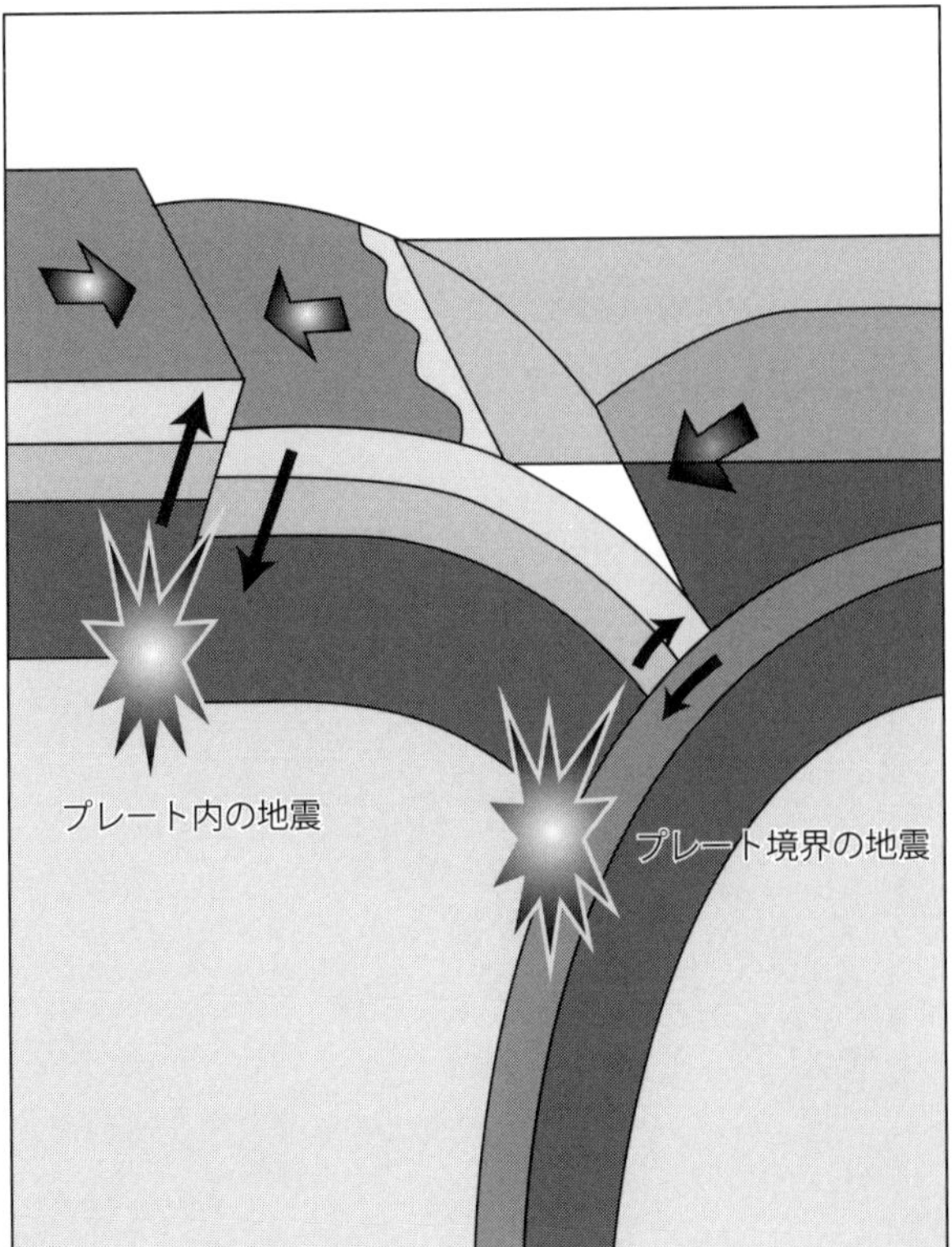

出典：横浜市ホームページ

［図表６］主要活断層帯の分布

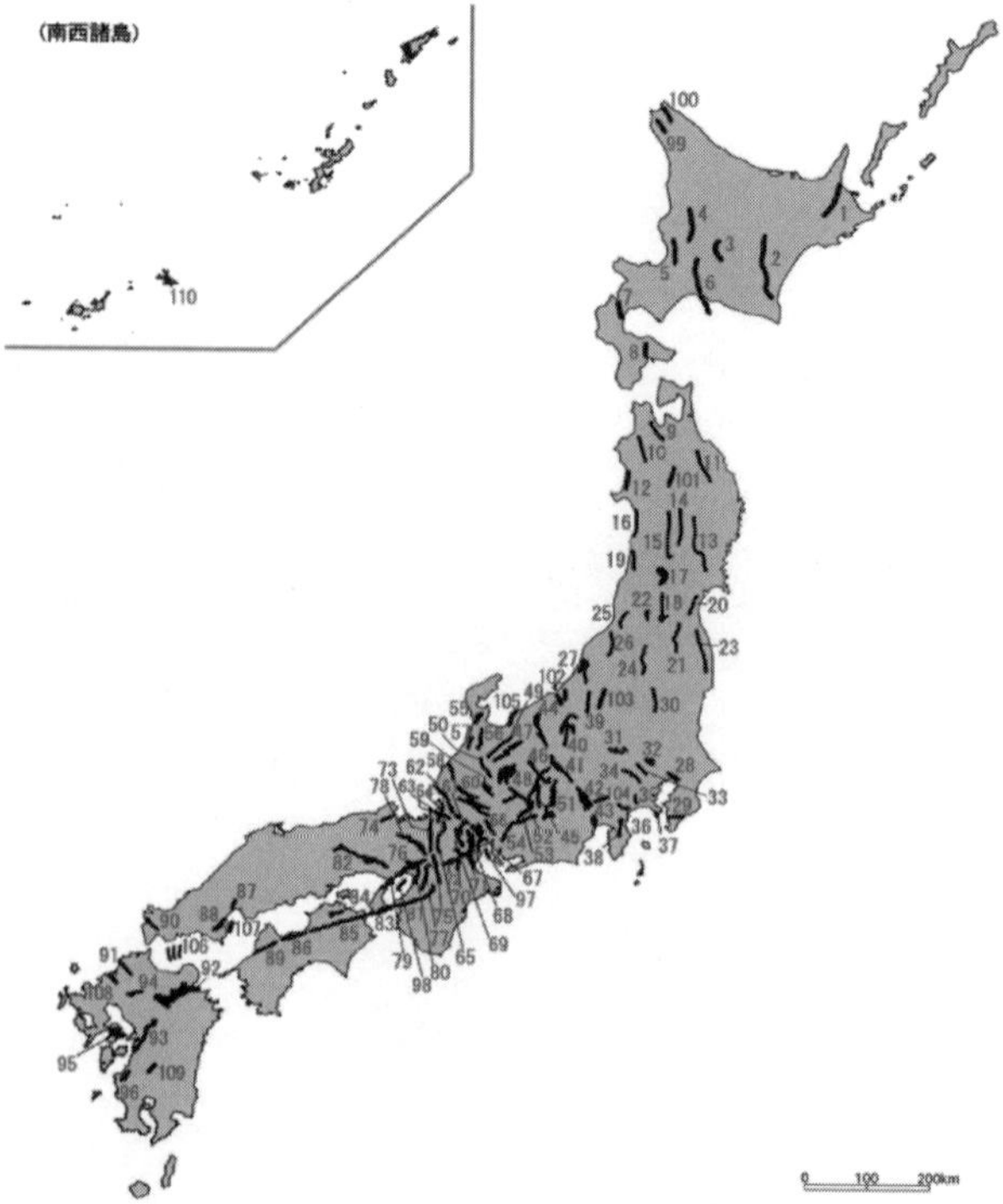

出典：内閣府防災白書

30年以内に首都直下地震が発生する確率は70%

以上のようなことから、日本が世界でもまれに見る地震の巣であることが理解できたと思います。

そこで気になるのが我々の財産や生命を脅かす大地震の可能性です。政府の地震調査研究推進本部は、今後30年以内（2021年3月26日公開）に震度6弱以上の激しい揺れに見舞われる確率を記した「全国地震動予測地図」を公表しています（図表7）。

なお、震度6弱は、古い木造住宅やブロック塀などが倒壊する目安とされています。

この予測地図を作成する際に用いられるデータは、地域防災対策や損害保険の料率設定、学校施設の耐震化の優先順位付けなどに使用されるほど信頼度の高いものです。

予測地図は、地域ごとの30年間に震度6弱以上の地震発生確率を0%以上、0・1%以上、3%以上、6%以上、26%以上に色分けしています。それぞれ約3万年、約1000年、約500年、約100年に一度、震度6弱以上の揺れが発生することを示しています。

［図表７］ 全国地震動予測地図

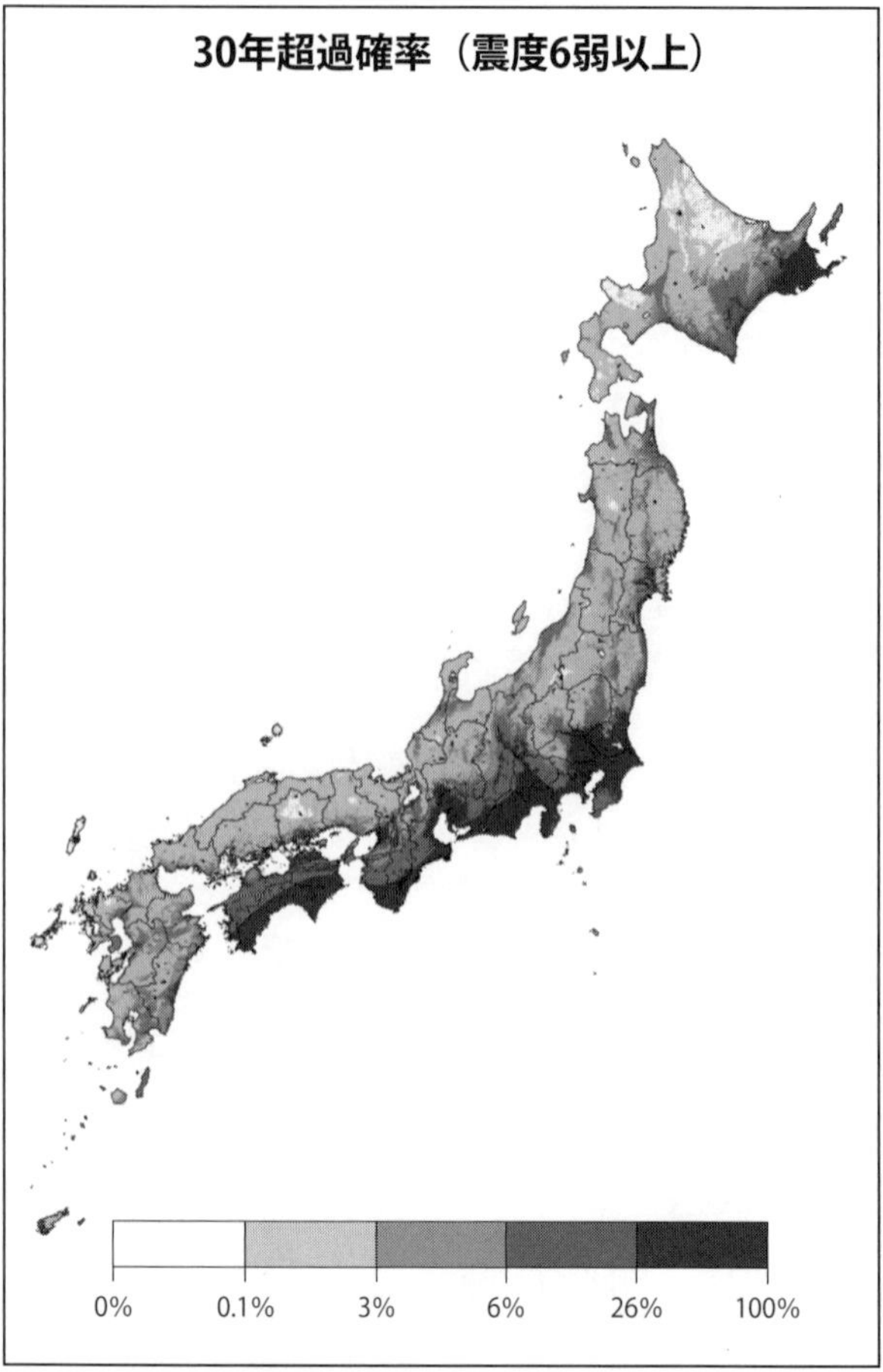

出典：政府 地震調査研究推進本部

この図を見ると、地震の発生率が非常に高い日本のなかでも、特に関東・東海・四国地方といった太平洋側で強い揺れが発生する確率が高いことが分かります。これは前述のプレート境界線の影響です。

震度6弱以上の地震発生確率は、市町村ごとに公表されており、その上位は次のようになっています。

1. 水戸市　81％
2. 根室市　80％
3. 高知市　75％
3. 徳島市　75％
5. 釧路市　71％

関東においては、以前から首都直下地震が懸念されています。首都直下地震とは、個別のプレートや活断層を震源とするものではなく、南関東全域のどこかを震源とする数種類の大地震をまとめて指す総称です。南関東の地下構造が複雑なため過去の地震の震源が特定しにくい点などがこう呼ばれるゆえんです。

例えば、関東地方にはほかの地域と同様に地表近くに活断層が存在し、地下には相模トラフなどプレートの境界もあります。さらに北関東では震源が深いため揺れが小さくなりがちですが、南関東では震源が浅いため揺れが大きくなりがちです。そのため必然的に大地震の確率は高くなります。

政府によるとその30年以内の発生確率は70％（マグニチュード7程度）です。この数字を聞いて安心できる人は少ないはずです。

国の有識者会議では、マグニチュード7のうち首都中枢機能への影響が最も大きい都心南部直下地震の具体的被害を次のように想定しています。

●都心南部直下地震（マグニチュード7・3）の被害想定

「経済被害」（最悪ケースの場合）

民間　42兆4000億円
ライフライン　2000億円
公共施設　4兆7000億円
経済活動への影響　47兆9000億円
合計　95兆3000億円　※四捨五入の関係上、各項目の積算値と合計の数字は一致しない。

「交通被害」（最悪ケースの場合）

道路停止
主要道路の開通には少なくとも1～2日を要する。一般道はガレキによる不通区間が大量に発生し、復旧には1カ月以上を要する。

鉄道停止
運転再開には、地下鉄で1週間、JRや私鉄では1カ月程度を要する。

「電力・電話被害」

電力

5割の地域で停電が発生し、最悪の場合は1週間以上回復しない。

電話停止

携帯電話を含め不通の状態が1日程度続き、停電が長期化すると携帯電話の使用も不安定となる。

「建物被害」（最悪ケースの場合：冬・夕方・風速8m）

全壊・焼失棟数　約61万棟

原因の内訳

揺れ　約17万5000棟

液状化　約2万2000棟

急傾斜地崩壊　約1100棟

火災　約41万2000棟

「人的被害」（最悪ケースの場合：冬・夕方・風速8m）

要救助者　約7万2000人／死者　約2万3000人

死因の内訳

建物倒壊等　約6400人（そのうち屋内での収容物移動や落下が原因は約600人）

急傾斜地崩壊　約60人

火災　約1万6000人

ブロック塀・自動販売機などの転倒や屋外落下物　約500人

なお、この想定には日本原子力発電東海第二原発（茨城県東海村）や中部電力浜岡原発（静岡県御前崎市）への影響は含まれません。これらの施設になんらかの損傷があれば、その被害は一気に膨れ上がります。

また、東京都は1981年5月以前の旧耐震基準で建てられた建築物の耐震診断結果を公表しています。

震度6強以上の地震で倒壊する危険性が「高い」建物は156棟で、危険性が「ある」建物を含めると251棟となり、調査対象の3割に達しています。

この倒壊の危険性が「高い」建物には、新宿駅東口のランドマークといえる紀伊國屋ビルディングや渋谷109が入る道玄坂共同ビル、危険性が「ある」建物には、ホテル大手のニューオータニが宴会場として区分所有する新紀尾井町ビルなどがあります。

このように都内の防災対策は、まだまだ改善の余地があります。大地震発生時は、たとえ大きなビルの中にいても安心はできないのです。

3・11以上の被害もあり得る東海地震の切迫性

首都直下地震以上に、その発生が憂慮されているのが東海地震です。なぜなら政府が公表した30年以内の発生確率が88％と非常に高く、さらに影響を受ける地域が非常に広範囲なため、被害も東日本大震災以上に甚大になると予想されるからです。

東海地方（静岡県、愛知県、岐阜県、三重県）に住む人々は、ユーラシアプレートとフィリピン海プレートの境界線上で生活をしています。この境目が西から東につながる駿河トラフ、南海トラフと呼ばれるものです。

これらのトラフ周辺は、１００年前後から１５０年前後の間隔で次のような大地震が繰り返されてきました（図表８）。

１６０５年：慶長地震（マグニチュード７・９）
１７０７年：宝永地震（マグニチュード８・４）
１８５４年：安政東海地震（マグニチュード８・４）
１８５４年：安政南海地震（マグニチュード８・４）
１９４４年：昭和東南海地震：マグニチュード７・９）
１９４６年：昭和南海地震（マグニチュード８・０）

東海地震の震源域は、駿河トラフ周辺に当てはまりますが、ここは１９４４年、１９４６年と続いた昭和東南海地震、昭和南海地震でも歪みエネルギーが放出されずに残っています。つまり、２０１９年までの１６５年間、エネルギーが蓄えられ、いつ地震が起こってもおかしくない状況なのです。

駿河トラフが大きく破壊されれば、そこにつながる南海トラフも連動して破壊される可能性が大いにあります。そうなれば東海地方を中心とした伊豆半島から四国周辺の地域は未曾有の被害に見舞われると考えられます。

その予兆は、最近の火山活動からもうかがい知ることができます。日本は火山大国でもありますが、過去の大地震を振り返ると富士山などの噴火と大地震がほぼ同時期に発生していることが分かります。

例えば、８６９年の貞観地震の前の８６４年には富士山や阿蘇山が噴火しました。さらに１４９８年の明応地震の前後では桜島（１４７１年）、富士山（１５１１年）、１７０７年の宝永地震の前後ではやはり富士山（１７０７年）や桜島（１７７９年）が噴火してい

［図表８］主な大地震

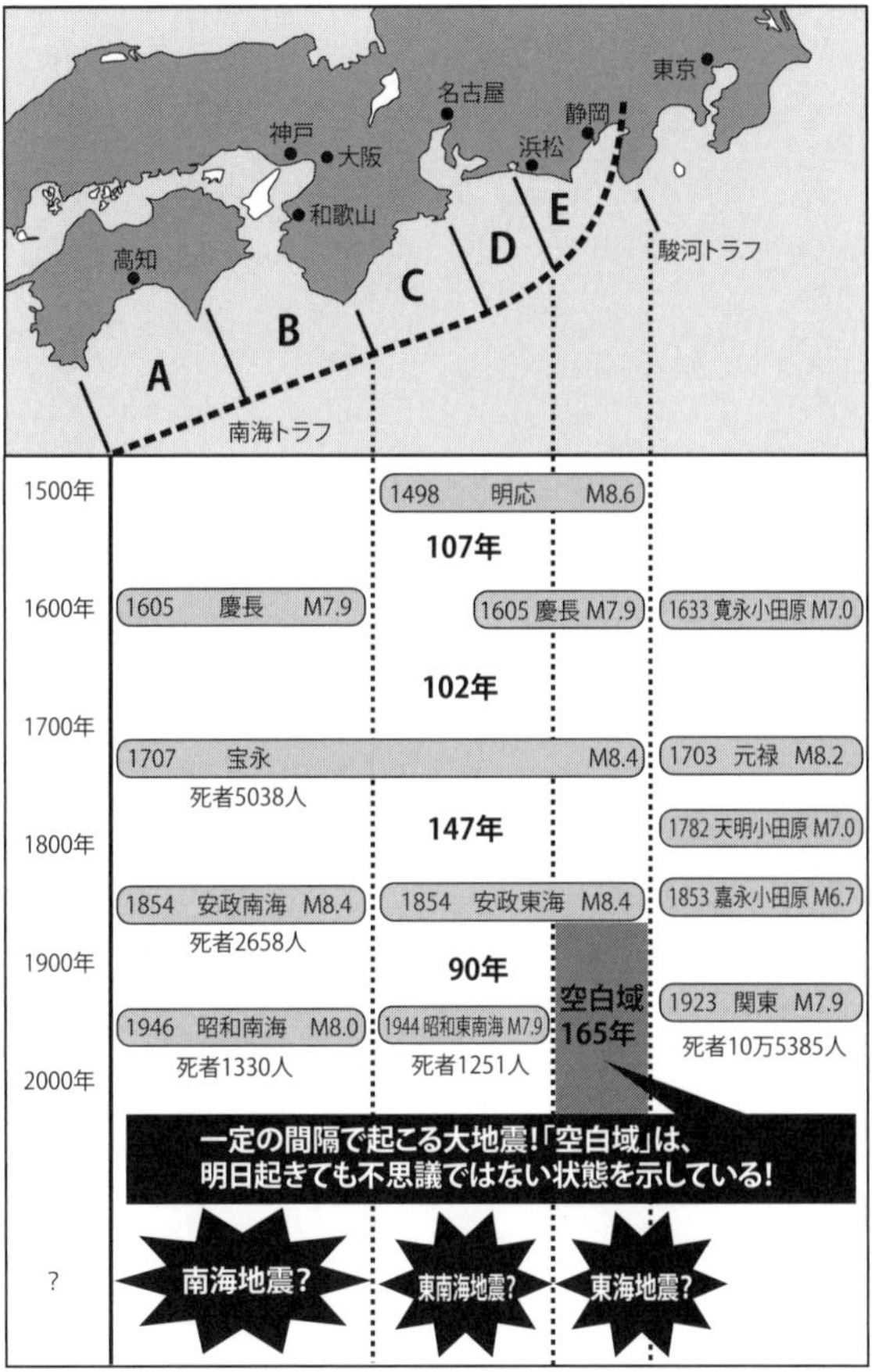

東京
名古屋
静岡
浜松
神戸
大阪
和歌山
高知
A
B
C
D
E
駿河トラフ
南海トラフ
1500年
1600年
1700年
1800年
1900年
2000年
?
1498 明応 M8.6
107年
1605 慶長 M7.9
1605 慶長 M7.9
1633 寛永小田原 M7.0
102年
1707 宝永 M8.4
死者5038人
1703 元禄 M8.2
147年
1782 天明小田原 M7.0
1854 安政南海 M8.4
死者2658人
1854 安政東海 M8.4
1853 嘉永小田原 M6.7
90年
空白域
165年
1923 関東 M7.9
死者10万5385人
1946 昭和南海 M8.0
死者1330人
1944 昭和東南海 M7.9
死者1251人
一定の間隔で起こる大地震！「空白域」は、
明日起きても不思議ではない状態を示している！
南海地震？
東南海地震？
東海地震？

ます。

そして昨今も全国各地で火山の噴火が次のように頻発しています。

2000年：有珠山、三宅島
2011年：霧島山
2014年：御嶽山、西之島新島
2015年：口永良部島
2018年：草津白根山

過去の記録の積み重ねから、近年の火山活動の活発化は、大地震と連動すると考えるのが自然です。

また、2016年5月23日付の日本経済新聞で地震学者である尾池和夫元京都大学学長はこのように東海地震を懸念しています。

「南海トラフ地震は約100年間隔で繰り返し、発生の50年ほど前から西日本で内陸地震が増える傾向がある。前回の地震からの経過年数を考えれば、次の南海トラフ地震の可能性のピークは2030年代後半~40年代とみられ、西日本は1995年の阪神大震災で地震の活動期に入った」

「昭和東南海（1944年）・昭和南海地震（1946年）やそれ以前のサイクルは、活動期にマグニチュード7前後の内陸地震が7~8回は起きていた。このような経験則に照らせば南海トラフ地震の前に2~3回起きる可能性がある」

ここでいう内陸地震とは、2016年の熊本地震も含みます。同地震の最大震度は7。東海地震の前兆となる地震も大災害となる可能性があるということです。


このようなさまざまなデータなどから、近い将来の東海地震の発生は、ほぼ確実とされ、国も具体的な対策を進めています。

その主な例が新東名高速道路の開通です。関東地方と東海・関西地方を結ぶ日本の大動脈といえば東名高速道路です。しかし、以前から台風や高波による通行止めなどで災害への弱さが指摘されていました。まして東海地震による津波がこの大動脈に直撃すれば、国民生活への影響は計り知れません。

もちろん東名高速道路の渋滞緩和などほかにもさまざまな要因はありますが、災害対策としても考慮され計画がスタートしたのが、より内陸部に開通した新東名高速道路なのです。その総工費は4兆4000億円といわれています。

東海地震の被害想定

そこまで懸念される東海地震は、いったいどれくらいの被害を日本に及ぼすのか考えてみます。

東日本大震災では、発生から約30分で大津波が三陸沿岸に到達しました。一方で東海地震では、震源が陸地に接しているため、地震発生から5～10分で大津波が襲ってくるとされています。

また、震源域は大都市名古屋直下も含まれ、極めて大きな揺れに見舞われる可能性が高いといわれています。したがって、東海地震の発生時は、東日本大震災並みの大津波と阪神・淡路大震災並みの大きな揺れに襲われるのです。まさに未曾有の大災害となると考えられます。

内閣府は最悪の被害状況を次のように想定しています。

※マグニチュード9・1、冬、風速8m／秒を想定

最大震度：7
最大津波高：34m（高知県）
全壊・焼失する建物：238万6000棟
死者・行方不明者：32万3000人
自宅が被災して避難する人数：700万人。1週間後に最多の950万人に。そのうち避難所に入るのは500万人（東日本大震災の10倍）
外出先で一時滞留する人数：1060万人。大阪圏で270万人、名古屋圏で110万人が当日中に帰宅できずに帰宅困難者となる

エレベーター：2万3000人が閉じ込められる
道路：通行不能が4万1000カ所。東名・新東名高速道路は通行止め
鉄道：1万9000カ所で線路変形などの被害。東海道・山陽新幹線も一時不通（三島—徳山間は復旧までに少なくても1カ月）
空港：静岡から鹿児島までの18カ所が一時閉鎖。高知空港と宮崎空港は津波で滑走路を含めて浸水し、再開まで2週間かかる
電力供給：5割以下に低下（1週間程度で9割が解消）
停電：2710万件（関東地方から沖縄県まで。9割回復まで1カ月）
断水：3440万人分（東海、四国などは8～9割に達する。大半の復旧まで最長で2カ月）
飲料水・食料：震災後3日間で飲料水4800万リットル（530万人分）と食料3200万食（350万人分）が不足
固定電話：930万回線が通話不能
携帯電話：東海から九州地方で8割が不通（3日ほどで9割が復活）

がれき：2億5000万トンの災害廃棄物が発生（東日本大震災の15倍）。1年後も処理終わらず

被害総額：約220兆円（生産・サービス停止を含む。東日本大震災は19兆円）

建物やインフラ、ライフラインなどの被害は関東以西の40都府県に及び、被害総額は、あの東日本大震災の10倍以上とされています。ほとんどの人には、どれほどすさまじい災害か想像もつかないかと思います。

さらに公益社団法人 土木学会は、東海地震が起こると建物や交通インフラ被害のほか、長期間工場なども停止するとして20年間の経済被害を推計しています。20年という期間は、阪神・淡路大震災で神戸市が被った経済活動の被害を考慮して定めたものです。やはり、元の状態に戻るには、それだけの年月がかかるということが考えられます。

推計した被害の合計額は、なんと1410兆円。その内訳は、建物などの直接的被害が170兆円で、20年間の経済被害が1240兆円です。

同様の視点で算出した首都直下地震の被害額が778兆円ですから、比べものにならな

いくらい大きな打撃、そして長期にわたる被害があると想定されています。

日本全国どこでも大地震の可能性がある

ここまで首都直下地震と東海地震の切迫性とそれぞれの被害想定などを説明してきました。しかし、当然ながら覚悟をしなければならない地震はこの二つだけではありません。

例えば２０２１年3月26日公開の、政府の地震調査委員会の報告書では、東北地方の太平洋沖で今後30年間に発生するマグニチュード7以上の地震の長期予測が発表されました。そこには青森県沖・岩手県沖北部でマグニチュード７・０～７・５の発生確率が90％以上という衝撃的な数値が出ています。

同委員会の平田委員長は「東日本大震災後の東北は大きな地震が起きにくいと考えられがちだが、依然として注意が必要だ」と警鐘を鳴らしました。

また、地震の発生確率が低いからといって安心はできません。日本で過去２００年間に起きた大地震を調べると、平均してプレート境界型地震が20年に一度ほど、活断層型地震が10年に一度ほど発生しています。まさに日本は地震の巣といえます。

そして、1983年の日本海中部地震（マグニチュード7・7）や2005年の福岡県西方沖地震（マグニチュード7・0）、2007年の能登半島地震（マグニチュード6・9）は比較的確率が低いところで起きました。

そもそも発生確率は、まだまだ不確実といえます。もちろん選りすぐりの専門家が最新の知見によって算出しているのでしょうが、その元データを記録する地震計が設置され始めたのは明治以降です。つまり、具体的なデータが残っているのはたったの百数十年分しかないのです。長い長い地球の歴史から見ればほんの一瞬なので、正確な数値を出せるわけがありません。

また、日本には今も活断層の調査が十分でない地域が残っています。今後の調査によって過去の地震や未知の活断層の存在が明らかになっていくはずです。ですから、現時点の確率が低い地域でも大地震が起こることは十分あり得ます。

繰り返しになりますが、日本は地震の巣です。どこに住んでいても決して安心してはいけないのです。

私たちは、ここ約30年間で北海道から九州までの各地で大地震に見舞われました。おそらく本書を読んでいる人のほとんどは、そのどれかでなにかしらの被害を受けているはずです。なかには非常に苦しい経験をしたり、凄惨な場面を目撃したりした人もいるはずです。

ところが今後30年の間に、ほぼ確実に日本のどこかで再度大地震が発生します。もしかしたらあなたが、もう一度あのつらい思いを味わわなければならないかもしれません。

もし、そうなったらどうするのか――。

最善策は、大地震が起こることを前提とし、あなた自身ができる対策を今から打っておくことなのです。

［第2章］

予知から減災へ
日本の地震対策の変遷

地震予知は実質不可能

大震災に対してなぜ事前の対策が重要なのか。その大きな理由の一つは、地震予知の難しさにあります。

東日本大震災は、多くの専門家が想定していなかったマグニチュード9・0の巨大地震でした。そして強い揺れや津波などによって、自然災害の損失額としては史上最も大きな災禍となったのです。

この状況を受けて内閣府の調査部会は2013年5月、南海トラフの地震に対して「現在の科学的知見からは確度の高い予知は難しい」と結論づけました。実用的な地震予知は不可能と発表したのです。

そして文部科学省は、大学や研究機関が進める「地震予知のための研究計画」の看板を下ろしました。

また、気象庁は1976年以来、東海地方を中心に世界最高レベルの観測網を整備してきました。岩盤の伸縮を観測するための合計40カ所の「ひずみ計」のうち、27カ所を東海地震予知のために設置していたのです。それを今後は広げない計画だといいます。

我々は今まで国が発表する地震予知の確率に右往左往する傾向がありました。しかし、調査部会の発表以降は、その数字がそれほど当てにならないことが知られるようになりました。

地震には、「プレート境界型地震」と「活断層型地震」があります。このうち活断層型地震は、断層自体が約2000カ所と多いうえに、数千年から数万年ごとに発生するため前回の地震の手掛かりが非常につかみづらく、予知はほぼ不可能とされています。

一方プレート境界型地震は、数十年から数百年ごとに発生しているので、活断層型地震よりは予知しやすいといわれていますが、それでも不正確なことには変わりありません。

地震の予知は、ひずみ計のほか、高感度地震計、人工衛星による全地球測位システム(GPS)などによるデータをもとに行われます。

ところがこのような最新設備をもってしても地震の前触れとなる地下の動きがとらえられなかったり、動きが急過ぎて観測が間に合わなかったりする場合も少なからずあるようです。

また、予知に必要な過去の観測データは、約100年分しかありません。それ以前の記録は古文書を調べたり、沿岸部の津波の跡を観察したりすることなどで収集していますが、それだけでは十分、かつ正確なデータとはいえません。

それでもイタリアでは予知を信用してしまい、このようなことが起きました。

同国では、2009年に大地震が発生しましたが、その数カ月前から小さな地震が続いていたそうです。ところが、ある委員会の科学者ら7人はそれが大地震にはつながらないと発表し、結果的に300人以上が犠牲になりました。この7人には、2012年に有罪判決が下りました。

以上のようなことから地震の予知は非常に困難、かつ、その数値などを100％信じてしまうのはたいへん危険です。

そこで昨今は、「予知」ではなく「減災」の動きが活発化しています。

減災とは、「災害が起こったらどうするか」ではなく、「起こる前にやるべきこと」を考え、震災などによる被害、特に死傷者をできるだけ少なくするよう十分に対策を立てておくことです。

この考えはすでに各自治体に広がっています。特に積極的な広がりを見せているのが、東海地震発生時に最も大きな被害が予想される静岡県です。

静岡県は近い将来に東海地震が必ず起こるということを前提とし、以前から大地震への取り組みを積極的に行ってきました。地震予知を想定した防災訓練もその一つです。

しかし、予知を想定した訓練を行ったのは、東日本大震災（2011年）以降は2014年に一度だけ。それ以外は減災をテーマに、突然の地震で県内の広い範囲を震度7の揺れが襲い、大津波が押し寄せるといった設定で訓練を行っています。

県の担当者は「『想定外を想定せよ』という防災対策が今は重要。予知だけに頼ることはできない」と話しています。

そして2013年6月、静岡県は「地震・津波対策アクションプログラム2013」を策定しました。これには「想定される犠牲者を今後10年間で8割減少させることを目指す」という減災目標も設定されています。

さらにその達成のために189のアクションを盛り込み、アクションごとに具体的な取り組みと達成すべき数値目標、達成時期も定めているという力の入れようです。

静岡県を含む東海地震の想定震源域では、異常な地殻変動が観測されて気象庁や地震学者などの判定会が大地震の前に起きる「前兆地すべり」と判断した場合、首相が警戒宣言を発令することになっていました。

これは1978年施行の大規模地震対策特別措置法によるもので、国は8都県157市町村を対策強化地域に指定し、宣言が発せられると交通や商業活動が規制され、自治体は津波の危険がある地域の住民などを避難させます。

この宣言は、地震発生の数日前から数時間前に前兆を検知できることが前提となっていました。しかし、それが不可能とされたことで2017年9月から運用は凍結されています。

これからの地震対策は、予知した地震に対して行動することが前提ではなく、大地震はいつでもどこでも突然発生することを大前提に、「そのときいかに被害を減らせるか」という減災への取り組みを整えておかなくてはなりません。それが我々の財産、そして命も守ることにつながります。

地震対策のカギとなるのは住宅の安全性～阪神・淡路大震災からの教訓～

減災に関してさらに深掘りします。

減災の重要性を表す大きなものとして、1995年に発生した阪神・淡路大震災からの教訓があります。この災禍では約6400人の犠牲者が出ました。その主な原因として、火災を挙げる人は多いと思います。テレビなどでは、街が燃えさかる様子を報道することが多かったので、そう感じると考えられます。

ところがそれは誤った認識です。国土交通省近畿地方整備局が公表した阪神・淡路大震災の死亡原因を確認すると、およそ約77％が建物の倒壊によって窒息死または圧死しています。

また、建物の倒壊や家具が倒れてきたことによる頭・頸部・内臓損傷や外傷性ショックなどによる死亡も含めると約91％にも達します。

しかも、その多くが地震発生後15分以内に亡くなっているのです。

つまり、震災において最も有効な減災対策は、建物の倒壊を防ぐことなのです。減災において重視しなければならないのは、命を守ることだけではありません。生命の維持は最低限として、当然ながら五体満足でケガをしないことも重要です。負傷をしてしまえば、程度にもよりますが、その後の復興活動にも大きな支障となる可能性が生じます。かすり傷一つ負わないのが理想だと思います。

震災時の建物被害において、死亡者と負傷者の発生メカニズムは異なります。居住者が死亡する原因の多くは、建物の倒壊による窒息死や圧死です。一方で負傷の原因の多くは、建物そのものの被害ではなく、家具や家電など部屋の中の物体の転倒によるものが大きな割合を占めます。

大震災の際は、本棚や冷蔵庫などの重量物が倒れてくるだけでなく、液晶テレビといった「こんなものが⁉」という大きなものまでが空中を飛んでくるといいます。そんなものが身体に当たればかすり傷程度では済まないはずです。

また、建物に関しては、内装部材の損傷を防ぐことも気をつけなければなりません。

２０１１年の東日本大震災では、学校の体育館などの天井材が崩落する事例が多発し、死傷者も出ました。

例えば、都内でも天井材の崩落による死者が出ています。場所は千代田区の九段会館です。この施設は講堂やレストラン、宿泊施設などを備え、完成が１９３４年という歴史ある建物でした。震災当日は、専門学校の卒業式が行われており、地震の発生により天井が崩落。その結果、２人の尊い命が奪われたのです。これにより九段会館は閉館することになりました。（その後、２０２２年10月に「九段会館テラス」として新たに開業しています。）

このようなことから建物が倒壊しなくても、内装部材が損傷することで人体に危害を及ぼすこともあり得るという認識が広がりました。これから家を建てる人は、その点も十分考慮するべきです。

さらに家具が倒れたり、家の中のモノが散乱して室内がめちゃくちゃになれば、たとえ命は助かっても避難生活を強いられることになります。この避難生活にも大きな危険が潜んでいます。

そのことが一般に知られるようになったきっかけは、２０１６年の熊本地震でした。同震災では、２００人以上の死者が出ましたが、そのうち建物の倒壊などが原因となったのは約50人でした。そのほかの大半は避難生活で体調を崩すなど、いわゆる災害関連死だったのです。

特に高齢者は、震災後に自宅で生活できなくなることの影響が大きく、避難生活を送ることで災害関連死の可能性が高まります。

仮に首都直下地震など住宅密集地で大震災があれば、避難生活者は膨大な数になります。その受け皿となる仮設住宅は、間違いなく不足するはずです。そうなれば災害関連死が続出するのは火を見るよりも明らかです。

やはり家の倒壊を防ぐことは、命を守るうえでの最低限の条件で、プラスして「自宅で生活を続けられること」＝「避難の必要のない家」が減災にとって必須です。

要するに減災には、「建物が倒壊しないこと」、「家の中のものが倒れたり飛んでこないでそのまま生活を続けられること」、この2つが非常に有効だということです。

［第3章］

住宅の地震対策　三つの工法

住宅の倒壊を防ぐための工法は三つある

多くの人にとって家は、1日のなかで最も長く過ごす場所だと思います。そのため、大震災発生時にあなたや家族の命を守るための第一条件は、住宅の倒壊を防ぐことです。

現在、一般的に考えられる住宅の倒壊を防ぐ方法は、建物を「耐震」「制震」「免震」のいずれかの工法で建てることです。

とはいえ、どの工法を選択しても結果が同じというわけではありません。いったい何が違うのか、考えていきます。

耐震工法とは

最も一般的な倒壊を防ぐ工法で、現在の建築基準法もこれをメインに考えられています。具体的には、建物の構造材である柱や梁を金物などで緊結し、さらに筋交いなどで強度を確保します。要するに、できるだけ頑丈な造りにして倒壊しにくくする工法です。ただし、家が地面に金物で緊結されるので、地震の揺れはそのまま建物に伝わります。

[図表9] 耐震工法のメカニズム

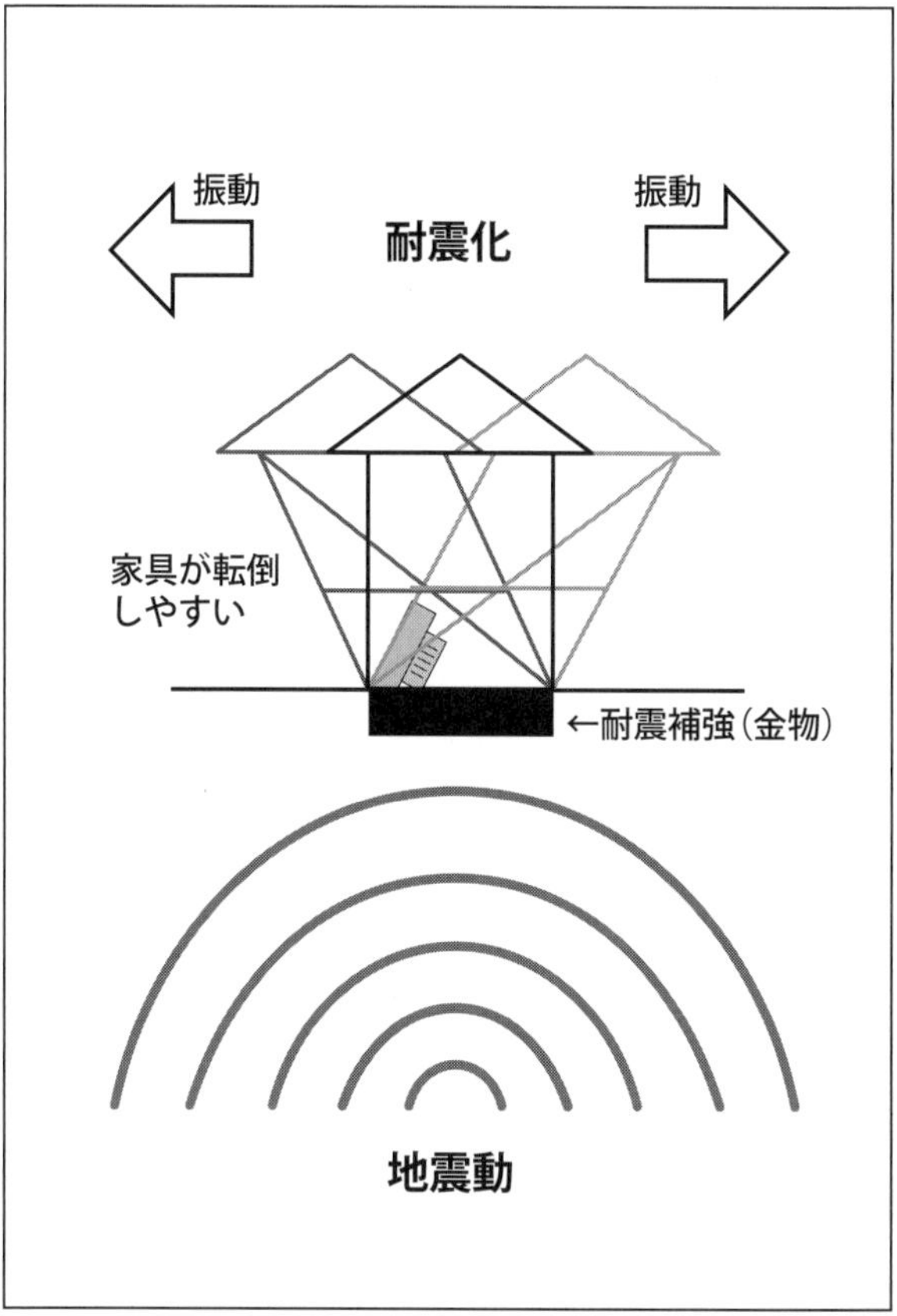

著者作成

建築基準法（2000年基準）では、住宅性能表示制度の耐震等級1が求められます。したがって、日本全国どの家も最低限の耐震性を有したものでないと建てられません。

住宅性能表示制度とは、2000年4月に施行された「住宅の品質確保の促進等に関する法律（品確法）」に基づくもので、誰でも安全で快適な住宅を取得できるようにつくられた制度です。

具体的には国の認定機関が、耐震性能や省エネ性能、耐久性能など10分野の性能を等級によって評価します。

この制度の利用は任意（有料）ですが、耐震に関しては、等級1以上の性能を有していなければ建築が許可されないことになっています。

耐震等級1の目安は、震度6強から7の地震で倒壊しない、震度5強程度の地震で損傷しない程度です。等級2はその1・25倍、そして最高等級の3は1・5倍の耐震性能を有することが条件になります。具体的には、壁を強化したり柱と梁の接合部に金物を取り付けて補強したりして、耐震性能をあげます。

しかし免震工法は、耐震等級1以上を満たしたうえで追加して施工することになります。

したがって免震工法は、補強をしなくても耐震等級2~3程度の性能を有するということができるのです。

では、耐震工法で建てられた家ならば大地震発生時も安心していられるのか、疑問が残ります。

2016年に発生した熊本地震では、最新の2000年基準と呼ばれる耐震性能で建てられた住宅が倒壊したことが大きなニュースとなりました。

一般社団法人 日本建築学会の調査報告によると、2000年基準で建てられた木造242棟中、倒壊した建物が7棟（2・9%）ありました。また、倒壊はしなくても取り壊しが必要となる程度の損傷（大破）を受けた建物が10棟（4・1%）もあったのです。

この結果からは、先の問いにノーといわざるを得ません。

なぜ、震度7の揺れでも持ちこたえられるように設計された家が倒壊したのか。その大きな理由は、震度7という大きな揺れが2回も襲ったからです。建築基準法では、二度の揺れを想定していませんでした。

しかし、残念ながら熊本地震によって、震度7の揺れが複数回発生する可能性が証明されてしまいました。

実はこの結果は、ある程度予想できたのかもしれません。

2004年、住宅実務者向け情報誌『日経ホームビルダー』は、土木研究所（茨城県つくば市）で行った実物大の木造住宅による振動破壊実験を取材しました。この実験は、阪神・淡路大震災で観測した地震波を振動台で再現したもので、建物は耐震等級1（2000年基準）をギリギリ満たすレベルのものでした。

その実験の結果、建物の1階と2階を貫く通し柱がくの字に折れてしまいました。試験体の内部には、倒壊防止のためにワイヤーが張り巡らせてありましたが、これがなければ崩れ落ちていたはずです。

その理由を同誌では、次のように分析しています（一部省略）。

「建物の1階は、常に2階や屋根を支えている。だが変形が大きくなると、こうした重さを支えるのが難しくなる。変形で柱に角度がつくと、その傾いた側へ重さが寄りかかるからだ。いったん傾いた建物をより傾けようとする力は、角度がきつくなるほど強くなる。

変形が進むと、耐力壁などの耐震要素の破壊も進む。耐震要素が破壊され、地震への抵抗力が減った状態でさらに変形が進んで、柱が折れた。これが「等級1」が倒壊したメカニズムだ」

（出典『なぜ新耐震住宅は倒れたか』（日経ホームビルダー編））

このことからいくら耐震性の高い家でも、いったん柱が傾いてしまうと倒壊の危険があることが分かります。つまり、長時間続く揺れや繰り返す揺れには弱いということです。

さらに木造住宅に限っては、4号特例という課題もあります。4号特例とは、300㎡未満の木造2階建てといった条件を満たした住宅を4号建築物と呼び、建築確認申請の際に構造関係の審査を一部省略することができるという特例です。

住宅を設計する建築士のなかには、この制度を正確に理解せずに、構造のチェックを怠って耐震性能の低い住宅を建ててしまうケースがあります。

これも耐震等級1だからといって安心できない理由の一つです。

そもそも家というものは、震災時に倒壊しなければ、それだけで安全・安心とはいえません。

考えてみてください。震度7の地震が起きた瞬間、あなたは「うちは耐震等級3だから安心」と思っていたとします。ところがその直後に冷蔵庫は倒れ、大型液晶テレビは転げ回り、それによって壁中に大きな穴があく。そして家中がめちゃくちゃになってしまうはずです。

例えれば、耐震工法の家は、鳥カゴと一緒です。人間が振り回せば、カゴ自体は頑丈なので損傷はありませんが、中の鳥には強大な力が加わります。上下左右に大きく飛ばされることになるはずです。無傷でいることが難しいと同時に、部屋の中がめちゃくちゃになるので、そのまま今までの生活を再開することは困難になるに違いありません。

制震工法とは

制震工法は、建物に伝わる地震エネルギーを、内部の壁に設置した制震ダンパーによって吸収し、地震時の揺れを低減しようとする工法です（図表10）。

耐震工法と同様に地震動は家の中に伝わりますが、ダンパーがそれを吸収するので、耐震よりは揺れを小さくすることができます。

２０００年代以降に大地震が多発したことや、免震よりは安価（1棟あたり１００万円程度）に施工できることなどから、大手ハウスメーカーを中心に普及してきました。なかには標準仕様としているメーカーもあります。

とはいえ、建物の基礎は、耐震と同じように建物と緊結されているので1階部分の揺れはほとんど低減できません。効果が体感できるのは、多くの場合で2階以上の階です。

その効果も免震ほどではありません。震度7クラスの地震が発生すれば多少建物の損傷は低減できるものの、やはり室内は鳥カゴに近い状態となり、通常と同じ生活を続けることは難しいはずです。

[図表 10] 制震工法のメカニズム

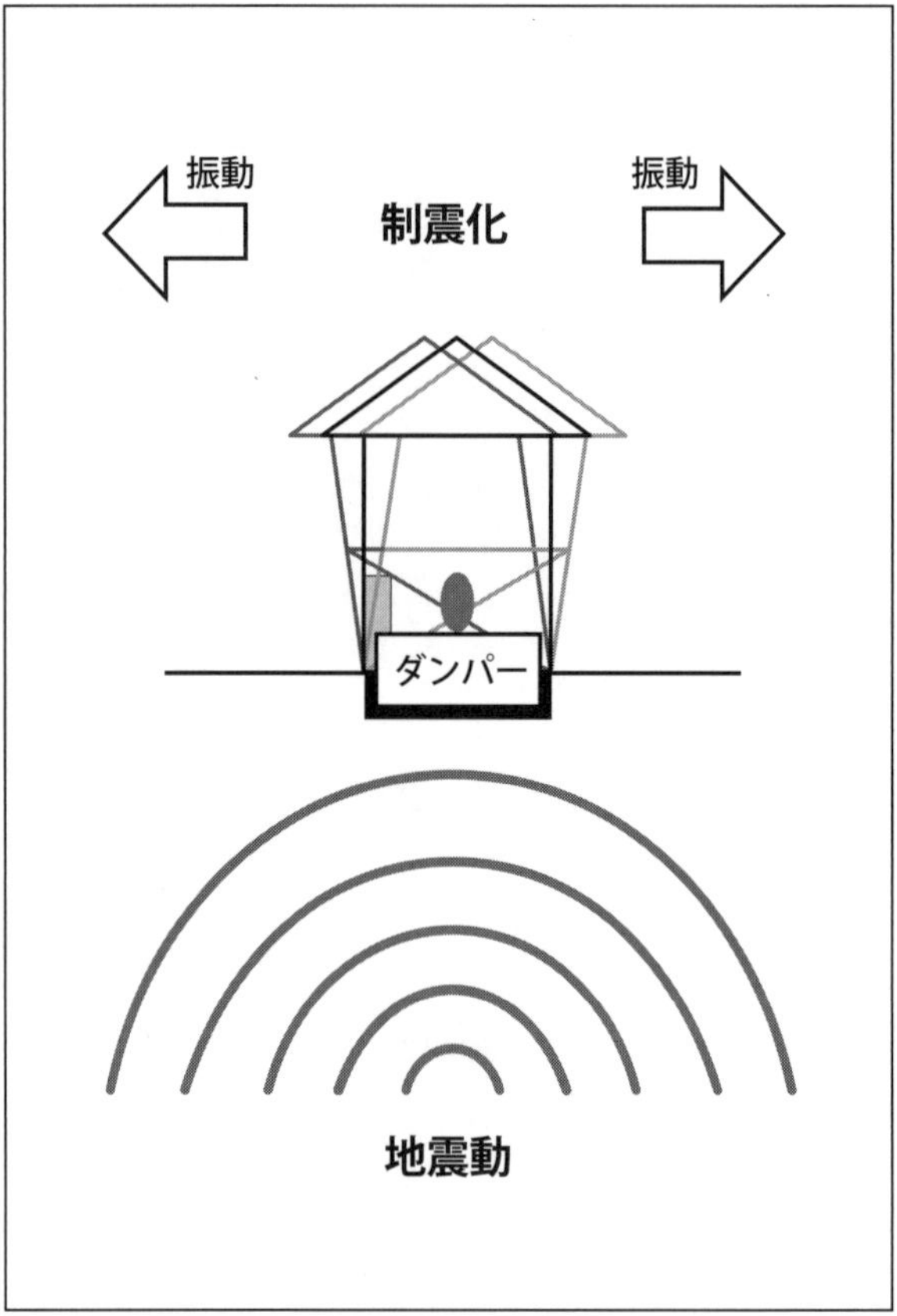

免震工法とは

さまざまな形状、重さのモノをテーブルの上に置き、軽く揺するとします。すると大きく揺れるモノとあまり揺れないモノに分かれます。

これは、テーブルを揺らしたときに揺れが一往復するまでに要した時間＝振動特性とその上にあったモノの固有値が同じだと共振して揺れるからです。

固有値とは、各々のモノが固有にもつ周期で、形状や重量によって異なります。

例えば、0・7秒の振動特性でテーブルを揺らすと0・7秒の固有値をもつ物体は揺れます。2・0秒や3・0秒の固有値の物体は揺れません。

免震工法はこの原理を利用するものです。これまでの調査から、地震では0・4～1・5秒の固有値をもつ物体が大きく揺れることが分かっています。すなわち、固有値が3・0～4・0の家にすれば震度7の地震が起きても理論上は共振しないのです。

免震工法は、一般的に基礎と土台の間に薄いゴム板と鋼板を交互に重ねて接着した積層ゴムなどを入れて建物を長周期化し、地震の振動を建物に伝わりづらくします。

この工法は、支持機能、減衰機能、復元機能の3つで成り立っています。普段はアイソレータと呼ばれる積層ゴムなどで建物を支え（支持）、地震発生時は建物の重さを支持しながら建物が移動できるようにします（実際は地面が動く）。そしてダンパー（オイルダンパー、鋼材ダンパーなど）で地震の揺れを低減（減衰）させ、揺れが収まれば復元材が家を元の位置に戻します（復元）。

このような構造で建物が基礎の上を滑るような状態にして、地震の力が伝わらないようにしているのです。

免震工法の家は、そもそも基礎と建物が絶縁されているので、大きな地震が起きても震動が伝わらず、建物自体の損傷だけでなく、中のモノへの影響も最小限にとどめておくことができます。また、絶縁されているがゆえに、大きな地震が複数回起きても耐震や制震のようにダメージが累積することもありません。

「免震」の話をすると、ほとんどの方から「上下動に対してはどうなのか」という質問を受けます。

構造物に対して、左右にいっさいぶれない純粋な上下の力が加わったとき、構造物はじつは破壊しにくいのです。その理由を見ていきます。

構造物の設計に際しては、その構造物に作用する力（応力）に対して限度を示す「許容値」が基準等で規定されています。その許容値には、実際に破壊に至る値に対して、必ず「安全率」を考慮し低減させています。例えば橋梁の場合は、鋼材には70％の安全率を考慮しています。つまり、実際に破壊に至る値に対して、70％の余裕を持って設計上の上限としているのです。

そのうえで上下動について考えてみます。上下動は正に重力方向の振動です。地球上では常に重力1Gが作用していますので、私たち設計者は1Gの重力を考慮して設計しています。これに先ほどの安全率をふまえると、1・7Gまで持ちこたえることになりますが、実際の地震動でこの値を超える上下動は非常に稀です。上下動が大きかったといわれる阪神・淡路大地震でも0・3G強でした。つまり、まったく左右にぶれない状況で上下動が作用した場合は、構造物は破壊しにくいのです。

しかし、実際の地震動は上下のほか、それよりも大きな前後左右の揺れが作用します。実際に構造物が破壊する時は前後左右に揺れ、構造物にゆがみ（変形）が生じたときに上

［図表11］耐震・制震・免震の違い

	耐震	制震	免震
家具転倒の可能性	×高い	×高い	○低い
食器・ガラス類 飛散の可能性	×高い	×高い	○低い
家電製品の転倒・破損の可能性	×高い	×高い	○低い
躯体損傷の可能性	×高い	○低い	◎極めて低い

下の力が加わり破壊するのです。したがって、前後左右の揺れによる変形をいかに抑えるかが重要となります。

私も以前LNGタンクの耐震設計で、鉛直方向の免震工法を検討したことがありますが、実際は重力方向の免震はほぼ不可能と考えています。

そのため免震工法は、現在考えられる工法のなかでは、「最大の安全」「最高の安心」「最良の減災」を実現するものだといえます。

耐震・制震・免震工法の特徴をまとめたものが上の表（図表11）になります。この表を見れば分かるように、すべての危険性を低減できるのは免震工法のみとなります。

［第4章］

「免震」こそ地震の被害を最小限にする最良の方法

避難をするにはケガをしていないことが第一

耐震・制震の家は、基礎と建物の土台がアンカーボルトで固定されています。そして、地震が発生すると基礎は地面と一緒に動き、基礎に固定されている土台＝家も同時に動くことになります。そのため、たとえ建物は倒壊しなくても、中の家具や家電は地震の強さに比例して揺らされてしまいます。その結果、中にいる人間はそれらの下敷きや衝突による被害を受ける可能性が高くなります。

リビングにいるときに大地震が発生すれば、液晶テレビが飛んできたり、本棚が倒れてきます。なかには「自分ならそんなの避けられる」と思う人もいるかもしれませんが、実際には立ち上がる前に飛んでくることが多いようです。

キッチンで料理をしているときであれば、熱湯が入ったヤカンや天ぷらを揚げる油が入った鍋が落下することもあります。そうなれば火傷をする危険も生じます。食器棚が倒れれば、中のモノが飛び出して割れ、床に散乱します。焦って避難しようとする際にそれらを踏みつけて足の裏を切ってしまうかもしれません。

お風呂に入っているときであれば、裸に近い状態で避難しなければならない場合も考えられます。その状態で家中にモノが散乱していれば、さらに危険度が増すはずです。

家は倒壊しなくても、中身が使い物にならなければ避難せざるを得ません。

筑波大学の糸井川栄一教授が東日本大震災直後に行った調査によると、マンションの住民は、建物が頑丈ゆえに避難する必要がないと思われがちですが、実際は家具の転倒やインフラの停止などによって31％が避難生活を送っていました。

また熊本地震では、家の中にいることが不安なために車で避難生活を送る人が続出し、そのストレスなどから死亡する例が多発しました。

このようなことから、大地震が発生しても家具などが倒れずに今までと同じ生活が続けられる家に住んでいることが重要だということが分かります。

しかしながら、家の内外装に影響がなくても、ガスや水道などのインフラが停止したために避難を余儀なくされるケースもあるはずです。

避難しなければならない場合は、当然ながら移動を伴います。移動するにはケガをしていないことも必要です。

また仮に避難する際に、火災や大津波が迫っていたとします。そしてあなたの目の前で配偶者や子どもなど大切な人が倒れた家具の下敷きになって身動きがとれなくなってしまいました。

「助けたい。でも自分の身にも危険が迫っている」

このような最悪の事態を避けるためには、やはり建物が倒壊しないだけでなく、被災後もすぐに避難できるように家具や家電が倒れないことが重要です。

これを実現できる工法は、今のところ免震しかありません。大地震が発生しても家具は倒れず、食器は飛ばない。そして建物は変形することなく、多少の横揺れを続けても、やがて揺れが収まれば、今までと同じ日常がすぐにスタートできる。仮に避難生活を余儀なくされても、地震発生前と同じ健康な身体で行動することができる。それが免震工法なのです。まさに「免震」こそ、地震の被害を最小限にする最良の方法といえます。

昔の日本の建築物はすべて免震工法だった

このように地震に対して圧倒的に有用な免震工法。多くの人は、最新技術を駆使した複雑な建築手法だと思っているのではないかと思います。

しかし、実は昔の日本の建築物はすべて免震工法によって建てられていました。

昔とは明治時代中期くらいまでで、その頃の日本家屋は伝統構法によるものばかりでした。

伝統構法に明確な定義はないようですが、現在の木造軸組構法（在来工法）と明らかに異なるのは、前者は免震構造であるということです。

伝統構法の家とは、いわゆる「古民家」と呼ばれるもので、築後３００年を経過しているものも数多く存在します。

なぜそれほど長く存在し続けられるのか。それはやはり「先人の知恵」が反映された構造・構法だからです。

伝統構法の家屋には、大きく三つの要素が含まれています。それは「木組み」「土壁」

そして「石場建て」です。

皆さんも田舎に行くとそのような家屋を目にしたことがあるかと思います。例えば、代々続く農家などがこのような家屋です。屋根は、最近では少なくなった茅葺、藁葺、または瓦。軒は長く張り出していて、必ず縁側があります。梁や柱は壁の中ではなく外面に露出しています。壁は土壁。そして、床の下を見ると柱が土台まで通っていて、石の上に載っているだけ。そんな家屋が伝統構法の家です。

このような構造になったのにはそれなりの理由があります。

まず、「木組み」です。日本の国土面積に占める森林面積はおよそ70％です。したがって、家屋の構造材料として大半の場合、木材が使われます。

ここで重要なのは、そのつなぎ方です。伝統構法では、釘やボルトといった金物は使いません。「ほぞ継ぎ」といい、「ほぞ」（凸）と「ほぞ穴」（凹）を作り、はめ込んで柱や梁を連結していきます。時には、その間に「くさび」を差し込んで固定します。

実はこの構造には耐震上、重要な役目があります。地震の振動を受けたとき、「ほぞ」

と「ほぞ穴」が擦れます。これによって地震の力が低減されるのです。専門的には「減衰作用」といい、擦れることで効果を発揮します。もし、これを金具でしっかり緊結してしまうと、ある一定までは持ちこたえるのですが、その限度を超えるといっぺんに破壊してしまうのです。

次に、「土壁」です。伝統構法の「土壁」と現在の在来構法の壁との決定的な違いは、前者には斜めに設置される「筋違い」と呼ばれる部材がないことです。

具体的には、木組みの柱と梁（貫）の間に竹材で小舞を編み、土で壁を作っていきます。これにより柱と梁（貫）で構成される立体的な構造体が形成され、地震発生時は壁が壊れることで揺れを吸収します。

一方で在来工法は、揺れに対する抵抗体としての「壁」をつないで構成する平面的な構造体です。

最後が「石場建て」です。実はこれこそが本書のテーマに深く関係する部分です。

伝統構法の基礎は家の中の柱が土台まで通っていて、それがただ石の上に載っているだけです。

一方で現在の在来工法の基礎は、幅12㎝程度、高さ40㎝程度のコンクリート基礎の立上り部分にアンカーボルトを埋め込み、木材の土台梁を固定（緊結）しています。

この二種類の基礎には、決定的な違いがあります。

「石場建て」では、地震を受けた際、家屋は石の上を滑って移動します。しかし在来工法では、アンカーボルトが切断されない限り、地面と同じように動いてしまうのです。例えば、震度7の地震があった場合、「石場建て」なら、家が石の上を滑ってずれます。これにより、震度7の力が解放されるのです。その結果、屋内に伝わる揺れは大きく低減されます。

しかし在来工法は、アンカーボルトで地面と完全に固定されているので、それが破壊されない限り地面と一緒に動きます。したがって、地面の揺れが震度7なら、家にも震度7の力がかかるということになります。

地面に対して家が滑ることによって、地震の力が屋内に伝わらないように考えられているのが伝統構法の「石場建て」です。まさに地震大国日本の風土に合致した免震構造といえます。

ぜひ、身近な古い神社仏閣などの基礎の部分を確認してみてください。おそらく多くは、礎石の上に柱が載っている石場建てになっているはずです。

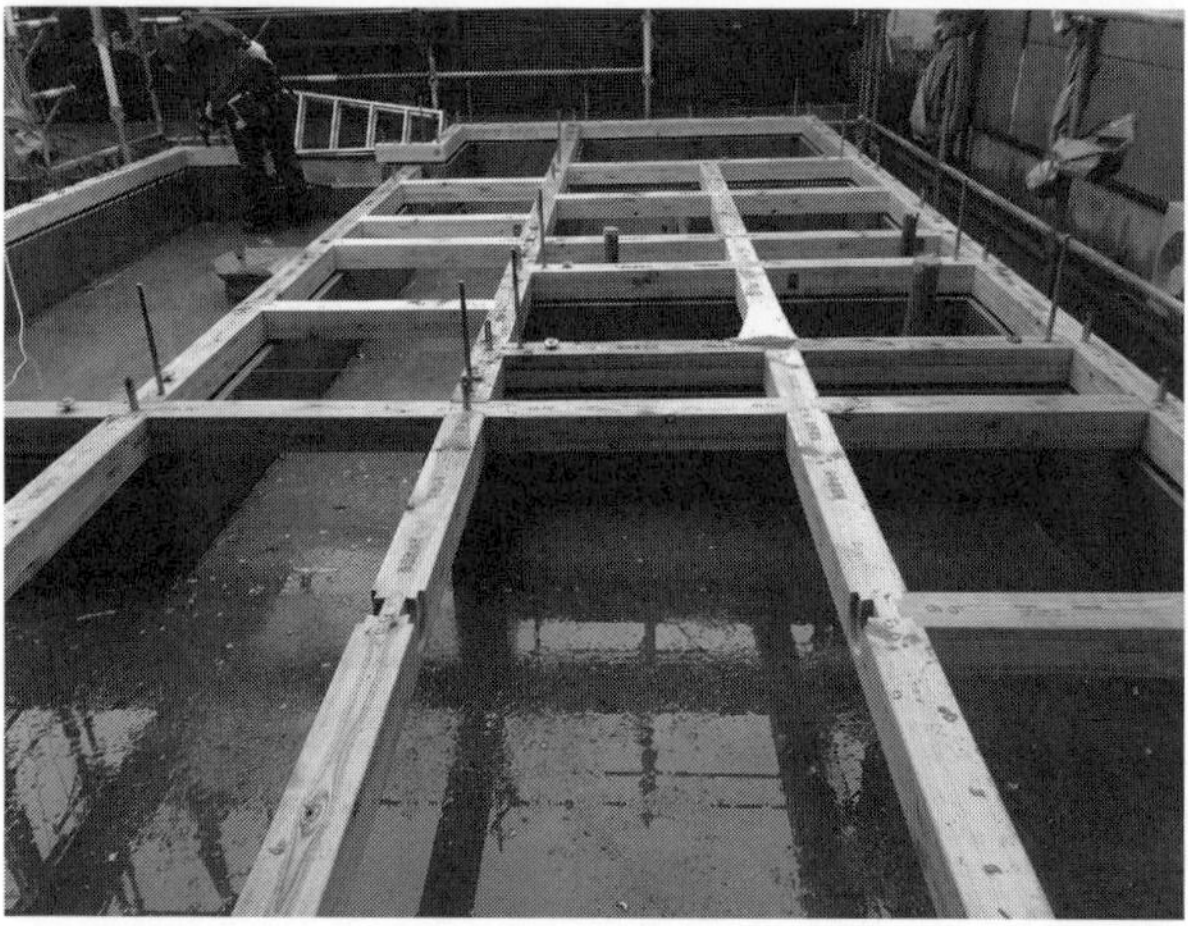

在来工法の基礎

功山寺山門

実際に、石場建てが使われた2カ所の山門を紹介します。右の写真は功山寺山門（山口県下関市）です。1773年に十代長府藩主の毛利匡芳の命により建立されました。建築様式は、土間に自然石の礎石を並べ、本柱4本と控柱8本で支えられているのが特徴です。重厚な門、入母屋造り、本瓦で葺かれた屋根は見事な反りを見せています。

泉岳寺山門

東京都港区高輪の泉岳寺は、1612年に徳川家康が幼少の頃、身を寄せた今川義元の菩提を弔うため創建したものですが、1641年の大火で焼失してしまいました。

山門は1832年に34世大道貞鈞《だいどうていきん》和尚代に再建され、その後、第二次世界大戦によって、山門・義士館以外の諸堂が焼失し、本堂は1953年に再建を果たしました。したがって、山門のつくりは、江戸時代の面影を残す伝統構法となっています。

岩穴集落の古民家

右の写真は、石川県七尾市の山中、岩穴集落にある古民家です。約300年前に建てられました。現在の住宅の基礎は、多くが鉄筋コンクリート製で建物と緊結されていますが、昔（明治中期前後まで）の住宅の基礎は、素朴な形状の礎石の上に柱を載せただけの構造でした。建物と地面が固定されていないため、地震が起こっても建物は礎石の上を滑り、直接揺れが建物に伝わることはなかったのです。一見、緻密さに欠けるつくりに思えますが、実は非常に理にかなっています。

この家の管理人である森田氏は、「2007年の能登半島地震では、この付近では震度6強に見舞われたが、増築した新しい部分は被害があったものの、古い建物部分にはまったく被害がなかった」、さらに、「このとき裏山が崩れ土砂が家屋を押す状況であったが、土砂を取り除くと家屋は自然に元の位置に戻った」とも語っています。

日光東照宮五重塔

日光東照宮五重塔は免震構造ではなく制震構造ですが、日本の「伝統構法」を語るうえで重要な構造なのでここで触れておきます。

この五重塔は、１６５０年に初代若狭小浜藩士の酒井忠勝が寄進したものですが、１８１５年に焼失してしまいました。その後、１８１８年に十代藩主酒井忠進が再建したのが現在の五重塔です。

高さ36ｍの五重塔の中には、「心柱」と呼ばれる長い木柱が四重から吊り下げられており、礎石には接していません。これが制震装置の役目を果たしています。塔が地震で左に揺れたとき「心柱」は逆の右に揺れ、お互いの揺れを打ち消すのです。

実はこの原理は、建築業界では最新の制震機能と同じで、東京スカイツリー（２０１２年竣工）にも採用されています。

しかし我々橋梁業界では、40年前、瀬戸大橋の設計をしていた時期にすでに採用していました。

瀬戸大橋にはたくさんの「吊橋」が建設されました。「吊橋」には「主塔」と呼ばれる2本の「塔」があります。開通当時世界最長の「明石海峡大橋」では、その「主塔」の高さが実に３００ｍ近くにもなります。

工事の途中では、この塔が何にも支えられずに自立している状態になるときがあります。そして、この状態で台風や地震に襲われることもあり得ます。そのときの振動を抑えるために、当時ＴＭＤと呼ばれる制振装置が開発され、設置されたのです。

我々は40年前、すでに東京スカイツリーと同様の「制振装置」（橋築の場合、風による振動も制限するため、制振としています）を実用化していました。しかしながらその原理は、日光東照宮五重塔の「心柱」と同じです。五重塔の設計者は２００年も前にその原理を理解し、採用していました。我々構造技術者としては、本当に頭が下がる思いです。

なぜ伝統構法が消えたのか?

日本の伝統構法である「木組み」「土壁」そして「石場建て」による建物は、現在ではほとんど建てられていません。

そのおもな理由は、これらを施工できる職人がいなくなったことです。「木組み」にしても、「土壁」にしても、「石場建て」にしても、熟練した大工や左官職人の技術が必要であり、昨今の少子高齢化などによってこれらの職人が減り続けているのです。

現在の木造家屋の多くは、材木会社で設計図に合わせてプレカットと呼ばれる加工があらかじめ施され、現場では模型のようにそれらを組み合わせて金具で固定するだけの施工方法となっています。壁も工場でパネル化されて現場で打ち付けるだけです。そのため、熟練した職人でなくても建てることができてしまいます。昔のように現場で大工さんが鋸を引いたり、カンナで削ったり、ノミでほぞを作ったりする必要がないのです。

このように、日本の風土、環境に合った伝統構法は近代的な構法にとって代わってしまいました。

伝統的な免震工法としての「石場建て」も例外ではありません。

免震工法が普及してこなかったワケ

昔の建築物は、免震工法（石場建て）が当たり前でした。ところが現在私たちの周りを見回してみると、免震工法は非常に少数派です。地震大国日本にとって免震は必要不可欠なはずです。それなのに普及していません。

その理由は、免震の生みの親といわれる工学博士、多田英之氏の著書『免震―地震への絶縁状―』に詳しく書かれています。

大正期、海軍技師の真島健三郎氏を中心とする「柔」の建物を推進しようとする一派と、東京大学教授の佐野利器氏を中心とする「剛」の建物を推進しようとする一派が対立し、10年の長きにわたって議論が続きました。いわゆる柔剛論争です。

この論争は最終的に、地震波の性質解明や振動解析手法が不十分だったため、「剛」の一派の勝利となります。

そして「剛の思想」＝「耐震工法」が法律にも取り入れられ、「柔の思想」＝「免震工法」は表舞台から消え去ることになりました。この状態が現在まで続いています。

一つの状態が長く続くと、そこに既得権益が発生するものです。そこで利益を得る者が生まれ、その権利を維持しようとするのです。これらの人たちは、耐震工法に関わることで生活をしてきました。ですから、自分の利益のために権利を守ろうと必死に動きます。このような状態ですから、免震工法はなかなか世の中に出る機会がなかったのです。

多田氏は「免震について当時（大正期）語られたことは、今考えてみても全部正しかったと私は思っている。概念そのものは決して間違っていなかった」と語られています。

私も同意見で、当時に比べ現代はコンピューターも発達し、解析理論・方法も飛躍的に進歩しており、地震のデータ（地震波）も数多く取得できています。今こそ、多田氏が推奨されていた「柔」構造を、この地震大国日本における建物構造の基本にするべきだと思うのです。

最も倒壊を避けたい「総理大臣官邸」も免震構造

日本ではすっかり日陰者扱いとなってしまった免震構造。しかし、その将来性を信じて研究を続ける人も存在していました。

１９６０年頃からは、地震応答解析技術が一段と進歩し、実際の地震波の記録が得られるようになりました。これにより地震発生時の建物の動きが理論的、かつ、定量的に把握できるようになったようです。

また、その後も強震計やコンピューターの性能は向上し、強震観測の精度はさらにアップ。大正期に佐野利器氏が「地震のメカニズムが分からないので、とにかく耐震」といっていた理屈が通じなくなってきました。

ちなみに、加速度とは単位時間あたりの速度の変化率のことです。例えば、１秒で10ｍ移動するものが、１秒で20ｍ移動するまで加速すれば、加速度は10ｍ／S^2（メートル毎秒毎秒）となります。このほかにも加速度を表す単位としては、ｇａｌ（ガル、１ｇａｌは１秒間に１㎝／S速度が増加すること）などがあります。

そして１９７０年代に入り、免震工法に役立つ積層ゴムが開発されました。いよいよ理論的に裏付けられた免震工法が実現可能になってきたのです。

とはいえ、前述の既得権益などの壁があり、免震工法の普及は遅々として進みませんでした。

状況を一変させたのは、1995年の阪神・淡路大震災でした。一般社団法人 日本免震構造協会によると、1994年までに国内で建築された免震構造の建物は84件でした。それが阪神・淡路大震災で免震建物が倒壊を免れたことを契機に、震災の年と翌年だけで304件に増加したのです。以来、現在も年間200件前後の申請があるそうです。

これは世の中の目が、やっと免震へ向き始めたということだと思います。

しかし、今のところ庁舎や病院、消防署など公共性の高い建物を中心に採用されています。住宅への普及はまだまだといえますが、採用されている建物を調べてみると、日本の中枢施設といえるところばかりということが分かります。

例えば次のような建物です。

- **総理大臣官邸（東京都千代田区）**

竣工：2002年4月22日

延べ床面積：約2万5000㎡

階数：地上5階、地下1階
構造：鉄骨鉄筋コンクリート造

内閣総理大臣の公的事務所であり、内閣の閣議が開催される場所です。まさに日本政治の中枢であります。

そのため、想定される大規模地震に対して建物の機能、建物内の人命、収容物の保全を図り、いかなる状況下でも官邸としての機能が十分に発揮できるよう、最高水準の耐震安全性を確保することとし、免震構造が採用されています。

・原子力発電所の重要免震棟（日本各地）

国内の各原子力発電所では、大規模地震など重大な事故の発生に備えて緊急対応の拠点となる重要免震棟の設置を進めています。

免震棟は、原子炉建物外部に放射性物質が漏えいすることも想定し、対処する所員の被ばくを可能な限り減らすよう、周囲には放射線を遮る巨大な壁なども設置されています。

また、事故発生後に外部からの支援がなくても数百人が1週間程度生活できる食料や専用の電源設備、放射性物質の侵入を防止する放射線管理設備なども用意されています。

重要免震棟は、東京電力福島第一原子力発電所の事故発生時（2011年3月）も十分機能する拠点となりました。同棟は新潟県中越沖地震（2007年7月）において柏崎刈羽原子力発電所が想定外の大きな揺れに襲われ、対応に支障が出た教訓から建築されたものです。

第一原発の事故当時、東京電力の社長だった清水正孝氏は、「あれ（免震棟）がなかったら、と思うとぞっとする」と国会事故調査委員会の参考人聴取で語っています。

・さいたまスーパーアリーナ（埼玉県さいたま市）

竣工：2000年3月

延べ床面積：13万2310㎡

階数：地上7階、地下1階、塔屋2階

構造：鉄骨造（一部鉄骨鉄筋コンクリート造＋鉄筋コンクリート造）

さいたまスーパーアリーナは、収容人数約3万6500人（スタジアムモード）を誇る巨大体育館です。国内外の大物アーティストのライブやバスケットボール、バレーボールの世界選手権など国際的なスポーツイベントなどが頻繁に行われています。

また、2011年の東日本大震災後は、福島第一原子力発電所の事故などによる避難民を受け入れる避難場所に指定されました。

つまり、同施設は単なるイベント会場としてだけではなく、非常に多くの避難民を守るシェルターとしての役割も担っています。したがって、この巨大施設の倒壊は、絶対に避けなければなりません。そのために屋根の支持部分には免震装置が設置されています。

このほかにも免震構造は、気仙沼市立病院、水戸市新庁舎、千葉県衛生研究所、新宿区役所本庁舎、愛媛県立中央病院診察棟、福岡赤十字病院など全国各地の絶対に倒壊してはならない重要なインフラ施設に採用されています。

その数は年々増加しており、日本免震構造協会の発表によると、2016年末までに計画された免震建築物は累計で4345棟（官庁853棟、民間3492棟）、免震戸建住宅は累計で4727棟、合計で9072棟となっています。

今のところ免震構造は、役所の庁舎や病院など公共性の高い建物を中心に増えています。さらに今後は、空調・電気・セキュリティなどの設備を自動的に制御するといった最新機能を備えたインテリジェントビルなどに対しても普及していくはずです。

特に最近注目されているのが、企業のサーバーを集中管理するデータセンターです。

昨今はますます情報化社会となっています。各企業が所有する情報は、経営上の命綱といえます。そのさまざまな情報を管理する国内のデータセンターは、総務省によると約6割が東京周辺に集中しています（2018年時点）。首都直下地震が発生し、データセンターが停止してしまえば、日本社会は大打撃を受けることになるはずです。

このような背景からデータセンターを免震化する企業が見られるようになりました。

例えば、大手総合商社の三菱商事株式会社は、2013年10月、東京都三鷹市に免震構造のデータセンターを建築しました。

同センターは、最新鋭の環境性能を備えるとして都心近郊初となる「完全外気冷房システム」などを採用し、従来型データセンターに比べ消費電力を約3割削減しています。そして、床面積1万4000㎡を超える建物の下には40個の免震装置が設置されています。この装置によって、東日本大震災クラスの大規模地震が発生しても、建物・設備に加え、屋内の精密機器への影響を最小限に抑えることができます。

免震は既存の建築物の地震対策にも有効

以上のように免震構造は最新施設を守るための装備として次々に採用されています。一方で、古くから存在する既存の建築物に対しても効果を発揮することが可能です。日本には歴史的、文化的に残していきたい建築物が数多く存在しています。それらの保存にも免震化は非常に有効なのです。

既存の建築物を免震化する代表的な方法に、「免震レトロフィット」という工法があります。

歴史的・文化的に価値がある建築物は、地震時の損傷を防ぐだけでなく、価値ある内外装の意匠や収蔵されている美術品なども同時に守る必要があります。ところが一般的な耐震改修工事では、耐震壁を追加したり、柱や梁を太くするので、これらを守ることができません。

免震レトロフィットは、建築物のデザインや機能を損なうことなく免震機能を発揮する工法です。具体的には、既存の建築物を一時的に持ち上げて基礎などに免震装置を設置し、建物と地面の「縁」を切って地震エネルギーを吸収します。

この改修方法ならば、上部の軀体にほとんど手を加える必要がありません。そのため、内外装の意匠や収蔵されている美術品に影響を与えることはなく、さらに、展示施設や公共施設などの業務を一時停止することもなく施工することが可能です。

また、免震レトロフィットは、幅広い建築物に対応可能です。例えば、伝統構法の日本家屋にも、西欧風建築物にも、旧基準で建てられたビルにも、現在も多くの人が集まる公共施設でも施工可能です。

その特徴をまとめると4点あります。

・建築物の内外装を変化させることなく免震化が実現できる
・人が出入り可能な状態で施工できる
・収蔵する美術品などを地震から守ることができる
・施工後は防災拠点として利用できる

この免震レトロフィットを使用した建築物は、実は意外に身近にあります。

・国立西洋美術館（東京都台東区）

国立西洋美術館は、近代建築三大巨匠の一人であるフランスのル・コルビュジエによって設計され、１９５９年に開館しました。本館は「ル・コルビュジエの建築作品―近代建築運動への顕著な貢献―」の構成資産として世界文化遺産に登録されています。

同美術館は、中央の吹き抜けのホールを囲む回廊状の展示室などル・コルビュジエならではの「無限成長建築」と呼ばれるコンセプトが随所にちりばめられ、まさに建築そのものが芸術作品といえます。

国立西洋美術館の免震支承

ところがその耐震性能は、現在の基準から見ると半分以下の状態でした。そこで国土交通省は、国立西洋美術館本館等改修検討委員会を設置。改修方法の検討を重ね、文化的価値と地震への安全性を両立する方法として、日本で初めて免震レトロフィットを採用することにしました。

2年の工事期間を費やし竣工したのは1998年。計49台の免震装置を設置し、1台あたり約140～300tの重さを支えています。これにより地震で建物が横に40㎝ずれても問題ないつくりになっています。

・東京駅丸の内駅舎（東京都千代田区）

東京駅といえば、日本の交通手段を担う最も重要な施設の一つといえます。

そしてその丸の内駅舎は、明治41年3月25日着工、大正3年12月14日に竣工した歴史ある建物です。設計は辰野金吾。煉瓦造建造物としては最大規模の建築で、当時日本建築界をけん引した辰野の集大成となる作品として高く評価され、２００３年には国の重要文化財に指定されています。

また、この建物はデザイン性だけでなく頑丈な軀体も持ち、マグニチュード７・９の関東大震災（１９２３年）でも持ちこたえた実績があります。

その保存・復原工事は２００７年にスタートしました。内容としては、外観を創建時の姿を忠実に残すことはもちろんのこと、未来へ継承するために、鉄骨煉瓦造の下に地下軀体を新設し、機能拡大も計画されました。そして、大震災発生時に損傷を防ぐことも目的とされました。

日本建築学会の資料を確認すると、次のような方針が打ち出されていたようです。

・残存するオリジナルを最大限尊重し、保存に努める。

東京駅丸の内駅舎の免震構造

・オリジナルでないもののうち、オリジナルの仕様が判明しているものは、可能な限りオリジナルに復元する。
・オリジナルでないもののうち、オリジナルの仕様が明確でないものは、デザインに関する全体の印象を損なわないように配慮し、手の加え方を設定する。
・ただしオリジナルではない、後世の補修や変更に関しては、意匠的・技術的に優れたものは保存・活用する。

そして大地震への対策方法としては、免震レトロフィットが選ばれました。これは日本最大規模の免震レトロフィット工事となりました。

具体的には、大地震発生時に近接する鉄道施設と駅舎建物の接触を防ぐため、建物を支える352台のアイソレーターと地震力を減衰させる158台のオイルダンパーを用いました。

つまり、現在の東京駅丸の内駅舎の構造は、歴史を重ねた重要文化財である地上部と新築建造物である地下部の間に、免震層を挟み込んだ免震レトロフィットとなっているのです。

・大阪市中央公会堂（大阪府大阪市）

大阪市中央公会堂は、明治期に「義侠の相場師」といわれた岩本栄之助が莫大な私財を投じて完成させた施設です。

株式仲買人として成功した彼は、1909年に渡米実業団に参加。米国の富豪たちが公共事業へ多くの寄付をしていることに感銘を受け、地元大阪でどこにも負けない立派なホールを建設しようと決意します。

そして帰国後、父親の遺産50万円に自分の財産である50万円を加えた100万円を大阪市に寄付します。この金額は現在の貨幣価値に換算すると数十億円になります。

工事は1913年に始まり、延べ18万4000人の職人と5年の歳月を費やし1918年に完成。

地上3階、地下2階建ての構造は鉄骨煉瓦造。デザインは、ネオ・ルネッサンス様式を基調とし、バロック的な壮大さも併せ持っています。

オープン以来さまざまな著名人が参加するイベントが開催され、ヘレン・ケラー女史、ガガーリン大佐、ゴルバチョフ元ソビエト連邦大統領など国際的VIPも講演を行っています。

そして1999年に老朽化したことから保存・再生工事を開始。創建当時への復原改修とともに大地震に備えて免震レトロフィットが採用されました。

そのほかにも、免震レトロフィットを採用したものではありませんが、歴史的価値が非常に高いもので、免震構造を採用した建造物に鎌倉の大仏があります。

・鎌倉の大仏（国宝銅造阿弥陀如来坐像）

７７０年前の１２５２年に造立された鎌倉の大仏（国宝銅造阿弥陀如来坐像）は、現在まで数多くの災害の影響を受けてきました。

例えば、１９２３年９月１日の関東大震災のときは、大仏自体が約45㎝前方に移動し、台座は右後側が約９㎝、前側が約45㎝地中にめり込みました。さらに翌年の１月15日の関東大震災の余震では、全体が約30㎝後退しました。

このようなこともあり、１９５９年から2年をかけて文化財保護委員会による国庫補助修理が行われました。

その補強案の内容は次の３つです。

1．台座を改修して免震的にする
2．仏体内に頭部転落防止鉄骨枠組を設置する
3．仏体内部で頭部および肩部に局所的なリブや篭型の裏付けをする

「1」の免震に関しては、東京大学地震研究所の河角 廣教授により、鉄筋コンクリートで補強された台座に御影石を載せ、その上にステンレスの板を設置した免震装置が考案されました。大地震が発生しても御影石とステンレス板の間が滑ることで地震力が大仏に伝わらないようにし、被害を最小限にする免震構造です。当時の最先端技術といえるものでした。

現在も当時の設計どおりに機能しているか免震装置調査が行われ、台座回りからファイバースコープを挿入して、ステンレス板表面の状態を確認するなどで免震効果の維持に努めています。

免震工法の最大のネックは高コスト

繰り返しますが、大地震に備えるには建物を免震工法で建築することが最も効果的です。

しかしながら、前述のように採用している実績では、公共施設を中心に大規模な建築物ばかりが目立ちます。

［図表 11］ 免震戸建住宅計画推移

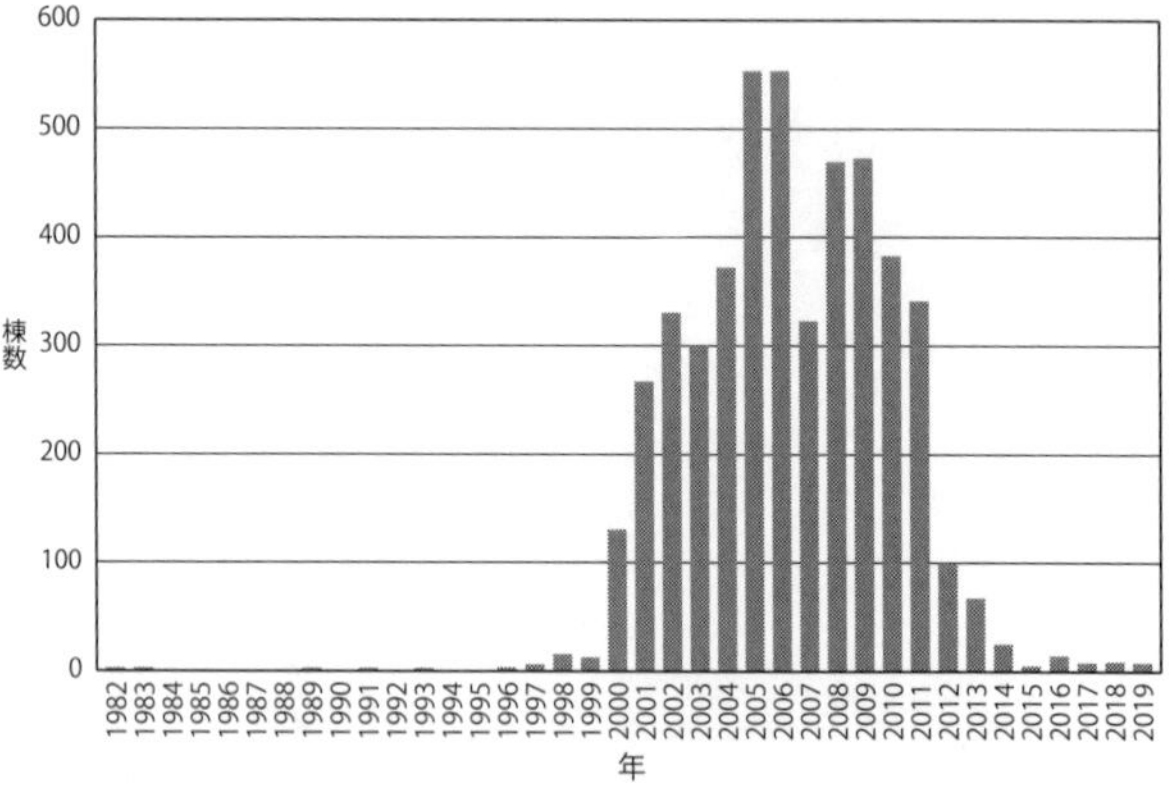

出典：日本免震構造協会

一方で免震戸建住宅は、日本免震構造協会の発表によると累計で４７２７棟（２０１９年末）。国土交通省の住宅関連データでは２０１８年度の住宅ストック数が６２４１万戸ですから、わずか０・００７５％しかありません。あまりにも少な過ぎます。

上のグラフは、日本免震構造協会による免震戸建住宅の建築数の推移を示しています。一戸建ては、２０１２年以降ほとんど計画されていません。

この理由は免震住宅を建てる会社の方針にあるようです。実はこれまで一戸建て免震住宅の建設に力を入れていたのは1社だけでした。その会社が、２０１１年を境に販売方針いる会社が一つもありません。したがって、現在は一戸建て免震住宅の建設に力を入れている会社が一つもありません。人々が1日のうちでいちばん長く過ごす住宅の免震化が、事実上停止しているということです。行政もハウスメーカーもなぜこのような事態を黙認しているのでしょうか。私は、構造技術者として見過ごすわけにはいかないと考えています。

私たちにとって、最も身近な建築物である一戸建て住宅。ところがその免震化はほとんど進んでいません。

一つの理由として、風による影響を挙げる人がいます。免震工法の家は、地震時に地面が揺れてもその動きに連動しないようになっています。これは逆にいうと基礎の上で独立して動くということです。

この仕組みによって、建物に台風のような強い風圧がかかるとゆっくりと横に動くことがあります。それが周囲の建物などに当たって危険だという認識が一部にあるようなのです。

しかし、風の影響はある例外を除き、心配することはありません。その対策として建物が一定の間隔まで動くとロープや鉄筋コンクリート造拘束台でストップする仕組みになっているからです。そのストッパーの仕様は、法律で定められているので、信頼性は高いといえます。

そして、敷地における免震工法の家が建てられる位置も法律で定められており、「周囲の構造物その他の物件」から人の通行がある場合は50ｃｍ、それ以外の場合は40ｃｍ以上距離をあけることになっています。

「周囲の構造物その他」とは、隣接する建築物、物置、駐車施設、擁壁、隣地境界線、道路境界線などです。

また、人の通行がある以外の場合とは、柵などで隔離されて通常は人が近づかないところや人の頭より高い位置にあって接触する恐れがないところを指します。

「ｃｍ単位で制約があるのか」と思うかもしれませんが、そもそも民法では境界線から50ｃｍ以上離さないと家を建ててはいけないことになっています。したがって、通常どおり設計すれば問題ありません。

あとは、家が動くので基礎に接して設置するエアコンの室外機や給湯器はどうなるのか、という疑問もありますが、これに関しては地震の影響を受ける基礎ではなく、地面と縁を切った家のほうに設置するので、こちらも心配無用です。

ただし、民法では「50ｃｍ以上と異なる慣習があるときは、その慣習に従う」という内容もあります。例えば、都内の住宅密集地などは50ｃｍよりもはるかに狭い間隔で家が建っていることが多々ありますが、この内容に則したものです。

残念ながら、このような住宅密集地に免震工法を建てるのは、難しいといわざるを得ません。

とはいえ、これはあくまで例外的なデメリットです。該当する人は多くはないと思います。

では、誰にでも当てはまる免震工法の最大のネックについて考えます。

それは価格です。

一般的に商品というものは、生産量が多くなれば多くなるほど価格が下がっていきます。

また、人気商品ならば新規参入するメーカーが増えて、さらに価格が下がっていくという正の循環に入ります。

それでは免震部材はどうなのか。免震住宅を供給しているのは、大手ハウスメーカーが中心なので、それらのメーカーが部材も生産していると思う人もいるかもしれませんが、いくら大手といっても数が出ない部材に関しては、外部から調達しています。

そして、アイソレータやダンパーといった免震に使用する部材は、普及していないがゆえに少量生産を余儀なくされています。

しかも生産するメーカーが限られているので競争原理もあまり働きません。その結果、それぞれの部材価格は高止まりしている状況です。

以前、私の会社で一般的な免震住宅の設計を受注した際の免震部分の材料・工事費一式（建築面積148・5㎡・約45坪）の価格は約700万円でした。

建物の本体価格が3000万円程度でしたから、免震部分が20％以上を占めることになります。

それは私たちのような小規模な会社ゆえの価格だろう、と考える人もいるかもしれません。しかし、大手ハウスメーカーでも同様の部材を使わざるを得ませんし、免震住宅を供給している数から考えてもスケールメリットを活かした低価格の仕入れは不可能に近いはずです。それゆえどこで建てても同じような価格になるはずです。

一般的な住宅の建築費にプラスして700万円……。

ほとんどの施主は「高過ぎて出せない」と感じるはずです。

その根拠となるデータを住宅実務者向けの情報誌『日経ホームビルダー』が公表しています。

同誌が全国の25歳以上の木造住宅に住んでいる男女900人に「制震システムを導入するならいくらまでか」といった内容を聞いたところ「建築費の5%以上10%未満」(37・5%)が最も多くなりました。

住宅金融支援機構の調査によると、注文住宅の平均建築費は3356万円(128・2㎡・2017年度)です。5~10%といえば約168万~335万円。したがって、地震対策にかける上限は300万円前後と見れば大きなズレはありません。

免震は、きちんと説明すれば制震よりも優れていることが誰にでも理解できます。それが３００万円で実現できるとしたら、きっと今より爆発的に普及するはずです。

それゆえ、私は「費用３００万円」がキーポイントだと考えているのです。

［第5章］

一般家庭でも実現できる低価格の新免震工法とは

橋梁設計こそ免震ノウハウの宝庫

現在、免震住宅を建てたくても、多くの人は高額過ぎて建てられない状況です。そこをなんとかしたい。私はそう考えて新しい免震工法の開発に着手しました。

結果的にこの開発は成功し、本書を書くことができるようになったのですが、その新免震工法の前に、そもそもなぜ橋梁の構造設計が専門の私が、住宅の免震工法を開発できたのかについて説明させてください。

住宅の免震化という考え方は意外に古くからあり、1891年の建築雑誌には、明治から大正期に活躍した建築家、河合浩蔵の「地震の際大震動を受けざる構造」という演説の記録が載っています。これは地盤の上に丸太を並べ、その上にコンクリートを打って建物を建てるという工法で、建物と地震動を遮断するものでした。

また、1909年にはイギリス人が基礎と建物の間に細かい石を敷き詰めることで、免震構造とする特許を申請しています。

しかし実際に免震工法で建てられた建築物は、というと、世界初は１９６９年に建てられた北マケドニア共和国の小学校まで時を経ることになります。

また、わが国で最初の免震建築物は、１９８３年に完成した福岡大学とユニチカ株式会社による八千代台住宅（千葉県）です。この住宅は2階建てのＲＣ造（鉄筋コンクリート造）で、天然ゴム系の積層ゴムとダンパーを組み合わせたものでした。

一方で橋梁の免震化が最初に実現したのは１８８９年です。実は、免震というものは建物より橋梁のほうが先だったのです。

１８８９年、オーストラリアのメルボルンにある鉄道用高架橋に、振動・騒音対策として天然ゴムパッド（単層）が採用されました。これが世界で最初に用いられたゴム支承といわれています。このゴムパッドは96年後に調査が行われましたが、ほとんど劣化していなかったそうです。

なお、現在のような積層ゴムを使用した免震構造の橋梁は、１９５６年にイギリスでつくられた鋼橋が世界で最初だといわれています。

橋梁はまさにインフラ＝経済活動や社会生活の基盤を形成する構造物です。私たちが文化的な生活を送るための生命線ともいえます。橋梁が崩落し、道路や線路が分断されれば移動することはもちろん、食料などの物資も届かなくなってしまいます。

それゆえ、主要な橋梁はどんな災害が起こっても使用できるように万全の対策を打たなければなりません。例えば首都高速道路も、構造的にはほとんどの部分が都心部の上を貫く橋梁といえます。災害によってこの橋梁が分断されれば、救援活動などに大打撃を与えるはずです。ですから、首都高速道路は免震構造にすることで、たとえ一般道路が通れなくなるような大惨事が起こっても使用できるつくりになっています。

日本の橋梁の免震構造は、震度7クラスの揺れにも対応できるように、橋桁を積層ゴムなどによる免震支承によって支え、地震力を減衰させる仕組みになっています。この原理はこれまでの住宅用の免震システムと同じといえます。

現在、わが国の主要な橋梁は、ほとんどが免震構造です。その理由は、住宅の耐震のように「倒壊しなければいい」という考え方では、インフラとしての機能が維持できないからです。つまり橋梁の構造設計には、「どんな地震が起こっても絶対に使用できる状態を維持する」という考え方が根底にあります。

橋梁の免震構造は、桁違いに巨大なものもあります。その最大といえば2004年に完成したギリシャのリオン・アンティリオン橋です。

ご存じの人も多いかもしれませんが、ギリシャも日本と同じように震災が多い国で、紀元前3世紀頃からその記録があります。

例えば、紀元前226年にはギリシャのロドス島で地震があり、港にあった巨像が倒壊した記録が残っています。また、155年には同じロドス島で地震があり市が全滅したそうです。

近代では1953年8月9日から12日の4日間で起きた3回の大地震が有名です。1回目の9日はマグニチュード6・4、2回目の11日はマグニチュード6・8、3回目の12日はマグニチュード7・2の地震が発生し、死者871人、負傷者1690人、家を失った人は14万5000人、そして貴重な歴史的建造物の多くも倒壊するという大惨事となりま

リオン・アンティリオン橋

した。

このような地震大国につくられたのがリオン・アンティリオン橋です。同橋の総延長は2882m、基礎底面から主塔頂上までの高さは227m。斜張橋（塔から張ったケーブルを橋桁につなぎ支える構造）では世界最長のスケールを誇ります。

それゆえ、この橋の免震工事は困難を極めました。橋桁を支える地盤は、海底下100mあたりまで砂、シルト、粘土の層が交互に存在する軟弱なもの。また、4本の主橋脚は、16ノット（時速約30㎞）の速度で航行する最大積載量18万tのタンカーの衝突や風速32m／sにも耐え得る強度が求められました。

このような条件下での免震化は、橋脚の基部（フーチング）で縁を切る（つながっていない）構造が採用されました。通常の橋梁は、フーチングから地盤の中に杭を打設して、フーチングと地盤を結合させます。その結果、地震力は地盤→杭→フーチング→橋脚→橋梁と伝わってしまいます。しかしこの橋では、橋脚が整地補強された地盤上に、ただ載っているだけとなります。そのため、地震動を受けると橋脚全体が地盤上ですべり、橋梁本体に作用する地震動を低減させるのです。

リオン・アンティリオン橋は、世界で唯一の工法による最大の免震構造物といえます。規模は巨大ですが、原理は本書で提案する免震戸建て住宅とまったく同じです。

日本での橋梁設計の実際

日本での橋梁は、住宅の建築基準法にあたる道路橋示方書に沿ってつくられます。道路橋示方書は、国が定めた橋梁や高架道路に関する技術基準です。

我々、橋梁の構造設計者は、この示方書に沿って橋梁を設計します。そこで追求されるのは、あくまで機能（力学）です。

[図表 12] リオン・アンティリオン橋の基礎の概念図

出典:『リオン・アンティリオン橋―不可能を可能にしたイノベーション』

住宅を含む建築物の設計には、デザインを追い求める傾向がありますが、橋梁設計では機能が優先され、「最も良い機能」＝「最も良い景観（機能美）」という考え方をします。ですから、私たちは基本的にはデザインを優先せずに、とことん機能と格闘します。

だからといって日本の橋梁に醜さはありません。無駄を削ぎ落した意匠は、機能美をまといます。ですから力の流れがスムーズな橋梁は美しいのです。

日本の橋梁技術を語るうえで欠かせないのは、免震構造ではありませんが明石海峡大橋です。

兵庫県の神戸市と淡路市を結ぶ明石海峡大橋は、１９８６年５月に着工し、建設費約５０００億円を費やして１９９８年４月に開通しました。

全長３９１１m、中央支間１９９１m、高さ２９８・３m。そのスケールは想像を絶します。吊り橋のメインケーブルの直径は１１２２mもあり、１本で約６万tを支えます。

このケーブルを構成するワイヤーを１本１本つなぎ合わせると、その合計距離は約30万㎞にもなり、地球７周半分に相当します。

大阪湾と瀬戸内海の間に位置する明石海峡は、幅は約4km、最大水深は約110mあり、海峡を流れる潮流の速さは最大で毎秒4・5mに達します。

そして、古くからの豊かな漁場であるとともに、海上交通安全法によって国際航路に指定されており、1日に1400隻以上の船舶が航行する海上交通の要衝となっています。

明石海峡大橋は、こうした厳しい自然環境や社会条件のなかで建設が計画されました。具体的には風速80m／sの風、直下で発生の可能性がある大地震にも耐えられるように設計しなければならなかったのです。

しかも、その規模は当時の国内の最大規模であった1000m級の吊り橋の約2倍。そのため、当時の既存の技術だけでなく、さまざまな新技術の開発を行い、それらを用いて建設されました。

この日本の橋梁技術の粋を結集して完成した明石海峡大橋は、吊り橋としては当時世界最長を誇り、1998年4月、ギネスブックに中央支間長が世界一長い橋、そして主塔の高さが世界一高い橋として認定を受けています。

私たち橋梁の構造設計技術者は、明石海峡大橋を一つの到達点として技術を磨いてきました。そしてこの橋梁の完成で、日本の橋梁技術は世界トップに上り詰めたのです。

橋梁の免震技術を住宅に活かしたい

私が大学を卒業して総合重工業メーカーに就職し、橋梁設計部に配属されたのは1970年代です。それから橋梁の構造設計には40年以上携わってきました。

その間、独立を挟み日本だけでなくアメリカ、トルコ、韓国、インド、東南アジア・アフリカ諸国など世界各国の大規模な橋梁工事プロジェクトに携わってきたのです。

会社員時代は、海外プロジェクト担当としてトルコ・イスタンブールの第1ボスポラス橋検査工事、第2ボスポラス橋建設工事などに参画し、第1ボスポラス橋検査工事においては、28歳でプロジェクトマネジャーとして従事しました。

独立後は、当時韓国最大の橋梁である釜山の広安大橋建設工事などにプロジェクトマネジャーとして従事しています。

橋梁はその国々に住む人々の移動や物流を支えるインフラそのものです。ですから、たとえ大地震が起こっても崩落はもちろん、交通の妨げになるような損傷も許されません。それゆえ世界の地震国では、ある一定規模以上の橋梁はすべて免震構造になっています。

つまり橋梁は、免震化が最も進んだ建築物といえます。橋梁設計こそ免震ノウハウの宝庫です。私はその橋梁業界で免震技術を磨いてきました。

また、海外の構造設計の専門家は、「ストラクチャーエンジニア」と呼ばれ、構造物であれば橋梁だけでなく何でも設計します。住宅はもちろん、巨大な石油タンクの設計もするのです。

例えば、石油タンクであれば、2003年に十勝沖地震が発生した際に、震源から200km以上離れた苫小牧の大規模石油タンクが破損して大火災となりました。ところが近くの小規模な石油タンクには被害がありませんでした。これは大規模石油タンクの固有値と地震の振動特性が一致したためです。つまり、大規模石油タンクを免震構造にすることで固有値を変化させていれば、この事故は防げたのです。その理屈は橋梁でも住宅でもまったく同じです。

要するに我々の仕事は、構造物に地震や風といった外力が100かかったとしたら、その100をどのように地面に逃がすのかを考えることなのです。力学を突き詰めるだけなので、どのような構造物にも共通します。

ですから海外の多くの国は、日本のように「あの人は住宅の専門家」「この人は橋梁の専門家」といった区別はありません。

私は、海外の仕事が多かったことから、そのような区別のない職場環境に慣れていました。

そして十数年前のことです。ある工務店の経営者から住宅の免震部分を設計してほしいという依頼を受けました。

実は、私の実家は東京都内で工務店を営んでいました。当時はすでに廃業していましたが、今でもネットワークがあり、私とつながっています。ですから声が掛かったのです。

私は、当時から免震知識に関しては、一般的な住宅の設計士に負けないと自負していました。

「これは役に立てるかもしれない」、そう思い立ち、住宅の免震工法について調べ始めました。すると、1戸あたり700万円前後も上乗せしないと免震化できないことが分かりました。それでも施主は構わないといってくれたので、700万円をかけて免震住宅を建てたのです。この免震住宅は、10年以上経った現在でも何も問題なく快適に住めています。

しかし、そこから先が続きませんでした。せっかくノウハウと実績がそろったのだからと橋梁設計と同時進行で営業活動を行いましたが、それ以降、免震住宅を建てたいという人が現れなかったのです。私は、なんとか免震住宅を普及させようと、かなりの金額を費やして広告などを打ちました。それでも問い合わせはほとんどなく、あってもすべて金額交渉で頓挫してしまいました。

確かにただでさえ高額な住宅に、700万円の上乗せは、一般的なサラリーマンでは不可能に近いはずです。そのことに気づいて、よりリーズナブルな免震工法の開発に着手しました。

汎用品を用いればリーズナブルな免震工法が可能に

よりリーズナブルな免震工法を開発する。そのためにまず行ったのが、従来の免震工法が、なぜ高額になるのかを明確にすることでした。

その理由は、すでに説明したとおり、各部材を製造する会社が限られており、なおかつ少量生産だからです。

免震工法に使用する主な部材は、①建物を支える支持機能、②地震力を弱める減衰機能、③地面に対してずれた家を元の位置に戻す復元機能を担うものです。

①と③に関しては積層ゴム（アイソレータ）、②に関してはオイルダンパー、鋼棒ダンパー、鉛ダンパーなどを用いることが多いようです。

これらの部材は、すべて免震工法専用に商品化されており、非常に高価です。それゆえ、1棟あたり合計で700万円前後してしまいます。

そこで私は、なんとか一般に流通する部材で免震工法が実現できないかを研究しました。

まず目を向けたのがアイソレータです。アイソレータは基礎と建物の間に設置され、建物を支えつつ、衝撃を低減する部材です。一戸建ての場合、積層ゴムを用いるケースが多いようですが、ほかにもすべり支承や転がり支承といった部材もあります。

すべり支承は、建物の柱の直下に設置された板（すべり材）と、基礎の上に設置された鋼板によって構成されます。地震が発生した際は、この2つが滑ることで揺れを建物に伝わらないようにします。

転がり支承は、建物の重さをボールベアリングで支え、地震が発生した際は、このボールベアリングが基礎に設置されたレール上を移動することで揺れを建物に伝えないようにするものです。

積層ゴム、すべり支承、転がり支承、この三者とも、どこを探しても安価なものは見つかりませんでした。すべてが免震専用に開発されたものだからです。

ところがすべり支承に関しては、板と板を滑らせるだけの単純な構造なので、専用品でなくても流用ができそうでした。

そこに気づいた私は、柱の下に設置する板（すべり材）として一般的な集成材、基礎の上に設置する板として誰でも購入可能な鋼板、そして建物を元の位置に戻す復元材として汎用品のゴムを用意しました。論理的にはこれだけで免震工法が成り立つはずです。

集成材とは、木の板を接着剤で重ね合わせた木材です。無垢材よりも強度があり、比較的安価なので採用しましたが、そもそも天然素材なので、完全に同じものは二つとしてありません。そのため、強度などの品質にバラツキがあることから大臣認定を取ることは難しいという結論に至ったのです。

これに対して新たに考えたのが鋼板でした。基礎の上に設置する鋼板と同質のものならば、工業製品なので品質が均一で、しかも安価です。

このすべり材としての鋼板と基礎の上に設置する鋼板、この2枚を「滑らす」ということが私の免震工法の「キモ」となりました。この2枚の鋼板で支持機能と減衰機能を担わせることが可能になるからです。

まず、鋼板ですからかなり大きな力が上から加わっても十分耐え、しかもバラツキのない強度が確保できます。したがって、家の重量を支持することに問題はありません。

次に減衰機能ですが、鋼板同士が滑ることで「摩擦」が生じます。実はこの摩擦には「摩擦減衰」という効果があります。上から押している2枚の鋼板をこすり合わせると、その間に「摩擦」が生じ、この摩擦力は、こする方向とは逆に作用するためにエネルギーを消散させる効果があるのです。これが「摩擦減衰」です。

このように2枚の鋼板で免震として必要な機能のうち2つを担うことができます。これこそが本書で説明する免震工法「Noah System（ノアシステム）」の肝となったのです。

素材が決まったあとは、それが大臣認定の基準に合うように摩擦係数を均一にする作業が待っていました。

摩擦係数を一定にしなければ、同じ震度の地震が起きても揺れ具合に違いが出てしまいます。それでは大臣認定を受けることができません。

摩擦係数を一定にするためには、両方の鋼板をフッ素でコーティングする必要がありました。フッ素コーティングといえばフライパンなどに用いられるデュポン社のテフロン加工が有名です。多少の焦げ付きでもサッと取れるコーティングです。

フッ素コーティングは、滑りを良くするほかに、キズが付きにくくなる、防錆といった機能もあります。

ただし、ただコーティングすればいい、というわけではなく、その成分や加工方法で性能は大きく変化します。

私はフッ素メーカーとタッグを組み、免震住宅に最も適した摩擦係数０・１３０±30％を目指すことにしました。

ここからフッ素メーカーとの二人三脚の実験が開始されました。目標は圧力や速度が異なるさまざまな振動に対して摩擦係数を0・130±30%におさめることです。

試験体

●すべり材（家屋下面）

寸法：90×90×12mm

材質：SS400相当（一般構造用圧延鋼材）

表面加工：フッ素コーティング

●すべり鋼板（基礎上面）

寸法：600×600×6mm

材質：SS400相当（一般構造用圧延鋼材）

表面加工：フッ素コーティング

［図表 13］ 住宅の免震のしくみ

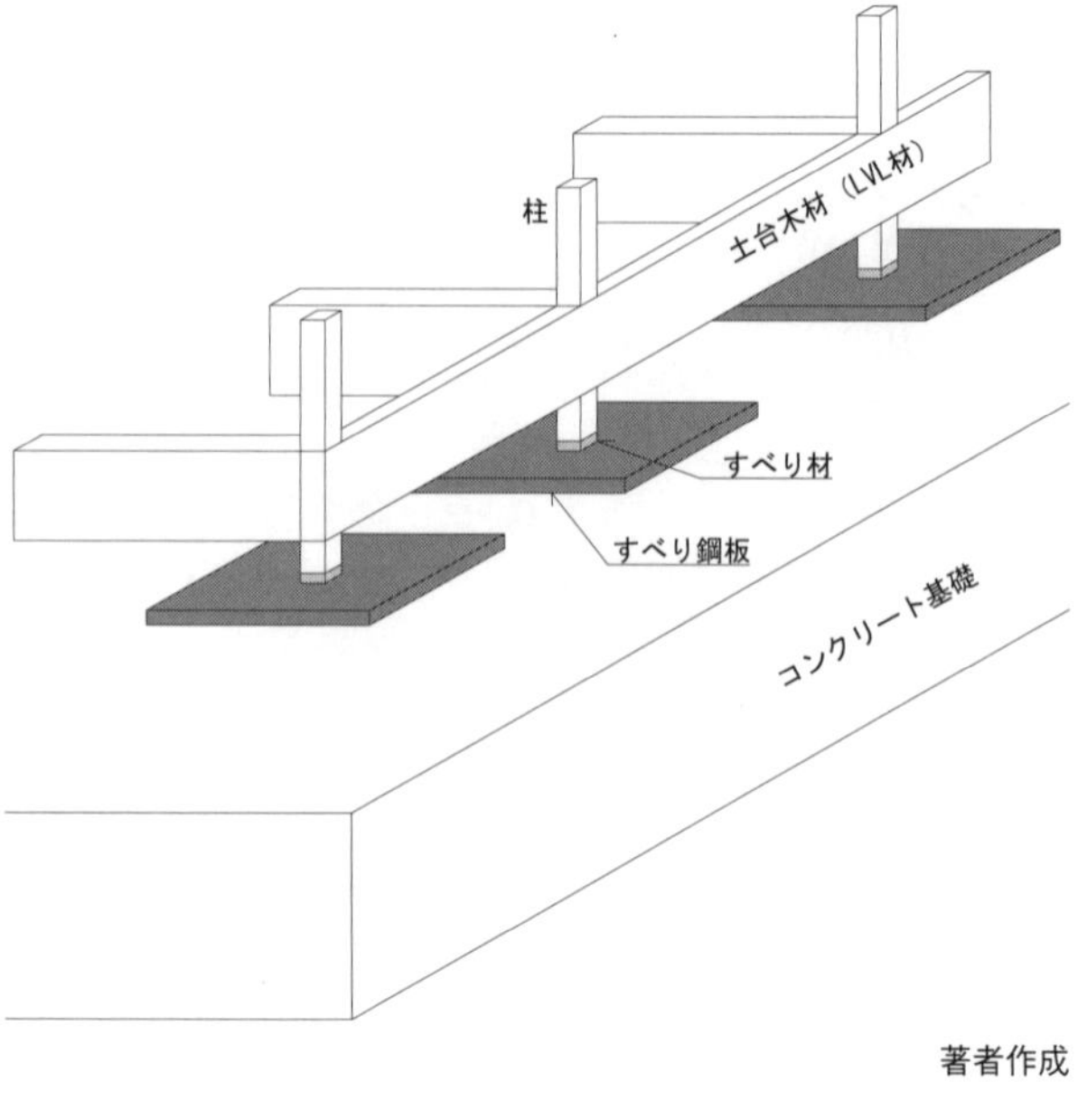

著者作成

［図表 14］復元機能

そして試行錯誤を繰り返すこと約1年、やっとの思いで摩擦係数０・１３０±30％を実現する表面加工仕様として「パプロスライド」を選定しました。

「パプロスライド」は、最適な摩擦係数を有するだけでなく、耐久性も数十年から百年前後あるので、免震住宅用として申し分ない性能といえます。

「パプロスライド」は、固体潤滑塗料と呼ばれ、通常はオイルなどの液体が潤滑剤として使われるのですが、ゴミなどの不純物の付着を許さない個所の潤滑剤として、用いられる塗料です。

すぐに見積もりを出したところ、従来の約半額で施工可能なことが分かりました。これで免震効果が実際にあるのなら、欠点は見当たりません。あとは実証実験を行い、免震効果が証明できれば商品化が見えてきます。

実証実験は、私の母校の試験設備をお借りしました。同施設は、建設前に複数の専門家をヨーロッパやアメリカに派遣し、各地の試験機や構造実験所の実状を調査したうえで完成させたものです。この中に設置されている大型構造物試験機は、容量３０００tf（30MN）で日本最大級を誇ります。

実験は、通常1棟あたり約20カ所設置する免震セットの1カ所を対象として行いました。振動台に入力する加速度は熊本地震の模擬波として798gal（震度7程度）。その結果、疑似家屋への応答加速度は254galになりました。32％の低減です。

また、実験では阪神・淡路大震災の模擬波として436galでも行いましたが、応答加速度は128galとなりました。こちらも29％の低減なので、大地震時の揺れを約7割減らすといえます。

ただし、Noah Systemは従来の免震装置と違い、震度4程度の小さな揺れではほとんど効果がありませんでした。とはいえ、震度4程度ならば身体や建物への影響はないはずです。また、従来の免震住宅のように震度4程度でも反応するということは強風が吹くと揺れてしまうことになります。その点、Noah Systemは比較的強風に強い免震工法といえます。

各メディアや工務店関係者などに疑似家屋の中のイスに座って、震度7の揺れと免震効果を体感できる実験です。

[図表 15] Noah System の効果

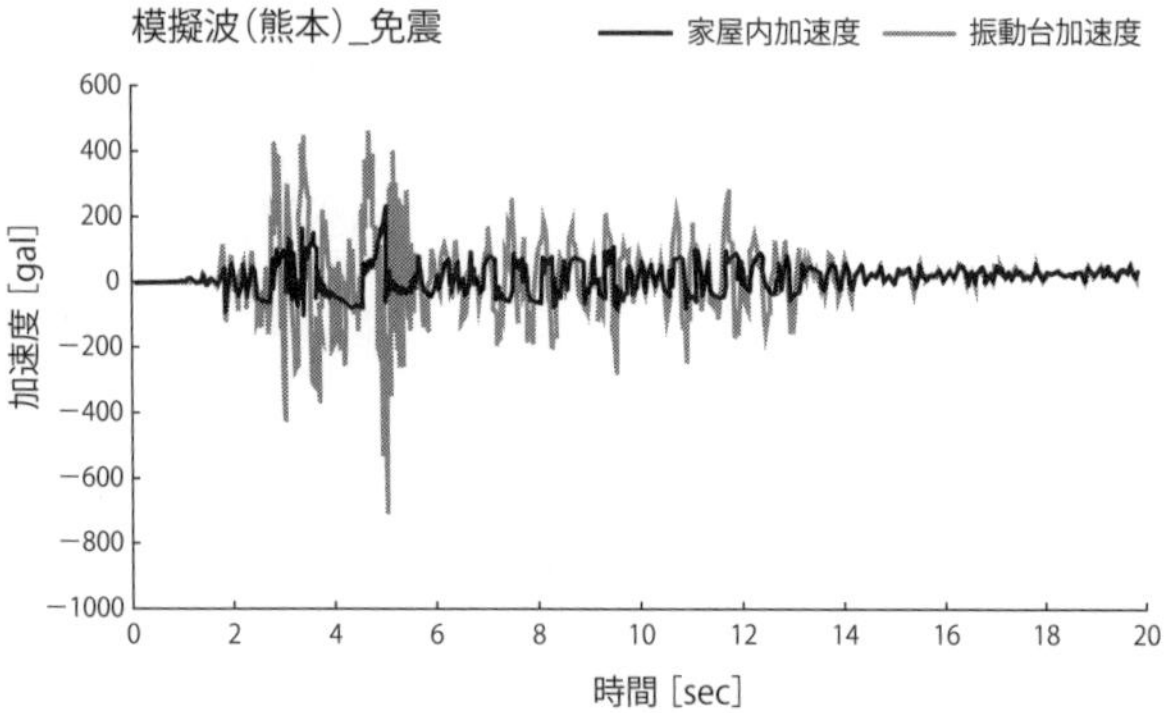

入力加速度　798gal　⇒　応答加速度（家屋）254gal（32%に低減）

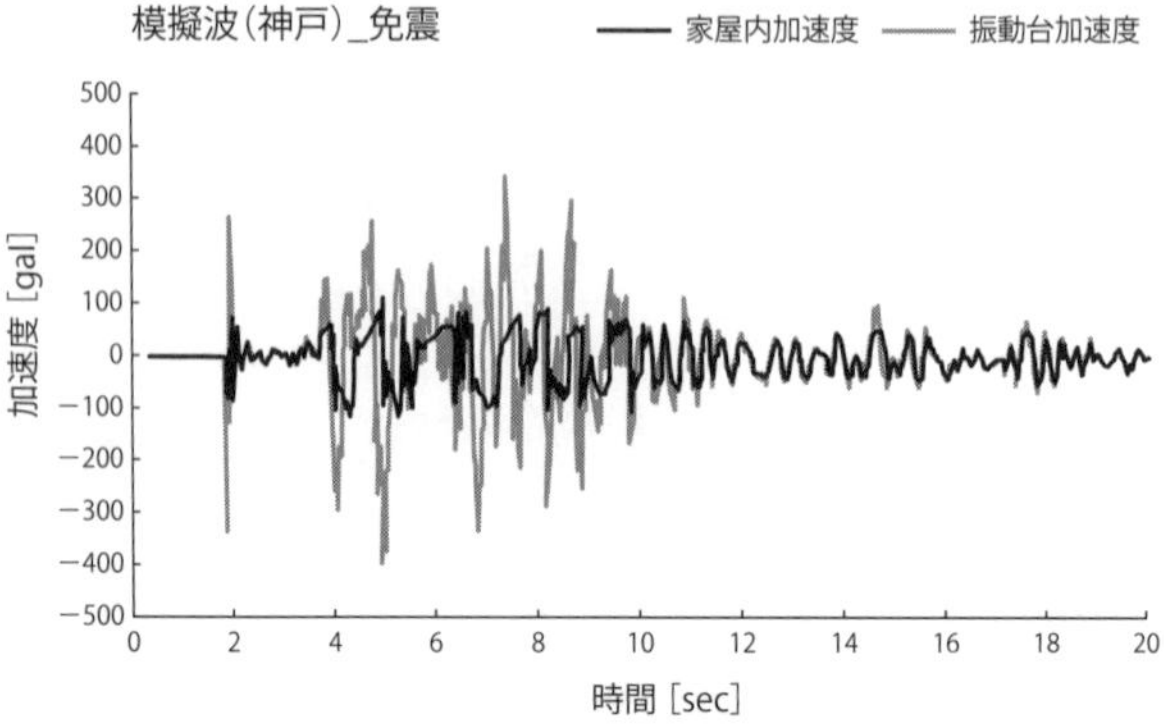

入力加速度　436gal　⇒　応答加速度（家屋）128gal（29%に低減）

そのお一人の感想を紹介します。

「最初に震度7を体験しました。『ドンっ』という振動が伝わると同時に身体が数ｃｍ浮いたことを覚えています。その後はテーブルに置いてあった花瓶が倒れて、かなりの恐怖を感じました。東日本大震災で震度5強を経験していますが、比べものにならないほどこちらのほうが強い揺れでした。実験ということが分かっていたので大丈夫でしたが、日常生活で突然起きたらパニックになっていたはずです。

その直後に免震装置を入れた状態を体験しました。こちらは電車がちょっと強く揺れたくらいのレベルでした。揺れた瞬間『あっ、地震だ』と思うだけで、一緒に座った人と会話をすることもできましたし、花瓶も最後まで倒れませんでした」

このようにNoah Systemの免震効果は、明確に体感できることが証明されました。正確に表現することは不可能ですが、体感的には震度7の揺れが4程度になると理解していいはずです。

このように安価な価格で免震を実現することが可能になったのです。

ここで、Noah Systemの、メリット、デメリットをまとめます。

【メリット】

●価格が安い。

●地震が大きければ大きいほど良く効く。テーブルクロス引きのように、大きい衝撃ほど、上に載っているもの（家）に衝撃を与えない。

●風に対して強い。

【デメリット】

●震度4程度までは、効かない。

免震戸建て住宅の法的手続き

これまで説明してきたように免震戸建て住宅の技術的な問題はクリアし、その効果も実証できました。

Noah System 実験のもよう

では、すぐに世間に出せるかというと、そうはいかない壁が立ちはだかっていました。その壁は建築基準法による手続きです。

1995年の兵庫県南部地震（阪神・淡路大震災）を機に、免震建築物が数多く建設されるようになりました。その後、2000年（平成12年）施行の改正建築基準法令に対応して、①平成12年建設省告示第2009号として免震構造物の構造方法に関する技術的基準が制定されるとともに、②平成12年建設省告示第1446号に免震材料の品質基準が整備されました。これによって従来免震建築物を建設する際は、すべて大臣の認定が必要でしたが、大臣の認定によらない主事確認に基づく免震建築物の建設が可能となったのです。これは、国が免震建築物は地震対策に有益である、と判断したということです。

さて、先ほど説明した①平成12年建設省告示第2009号、②平成12年建設省告示第1446号の2つの法令ですが、①は免震建築物の設計法の構造に関する規定で、②は免震建築物に用いる「免震材料」の規定です。

今後、免震建築物を世に出していくためには、この2つの法令に準拠しなくてはなりません。

①に関しては、「告示免震」と呼ばれている方法で、これまでのような煩雑な解析、計算はほとんど不要となり、それに対応したソフトウエアで、比較的容易に計算できるようになりました。通常の住宅建設をする際に行う確認申請のときに、計算結果を添付し、その内容が規定の範囲に入っていることを提示すればよいのです。これにより、免震戸建て住宅の建設が格段に容易になりました。

この「告示免震」の計算時に必要となるのが免震材性能の証明です。免震材というのは、建物の重量を支持する「支持材」、地震力を抑える「減衰材」、そして、建物を元の位置に戻す「復元材」を示します。これらの免震材は、好きなものを使用できるわけではありません。

ここで登場するのが②の法令です。この法令に規定された性能を有する免震材でなければ使用できないのです。これらの免震材にはＪＩＳ等の指定がないので、別途、大臣認定の取得が必要になります。

ただし、大臣認定といっても定められた値があるわけではなく、与えられた条件においてメーカーがその性能を証明するものです。ですから、認定されればメーカーは自社で証明したその性能の製品を納める、ということになります。

例えば摩擦係数であれば、0・1という値が定められているのではなく、「当社は、0・130±30％の範囲内の製品を納めます」ということを証明します。

かつて世間を騒がせた免震偽装事件は、本来は自社で設定した範囲外の製品をあたかも範囲内であるかの如く偽装して納めてしまったことによるものです。自社で決めた値を自社で改ざんしてしまったのですから、ある意味、問題は大きいといわざるを得ません。

私はこの法的手続き、つまり、国土交通大臣認定の取得という大きな問題にさまざまな検討をせざるを得ませんでした。

いちばんネックになったのは、免震材を販売すると時には全量の性能評価を示さないといけない、ということでした。これは、免震材を販売するときは、全量の摩擦係数測定を実施し、その結果を明示する必要があるということになります。

そこで私は、まず摩擦係数の測定器を探しました。すると世の中には最適なものがありませんでした。したがって、自作するしかありません。

仕方なく機械メーカーに見積もりを依頼すると数百万円という金額が出てきました。まったく想定していなかった出費です。しかし、ここで諦めてしまえば、いつまで経っても免震工法は普及しません。

そこで目をつけたのが、東京都の「先進的防災技術実用化支援事業助成金」でした。これは、東京都が地震などの自然災害や大規模な事故災害の脅威に晒されていることから、都市防災力の向上のため、多様かつ優れた防災製品等が広く社会に普及していくことが欠かせないとして設けられた制度です。

具体的には、都内の事業者が自社で開発した都市防災力を高める優れた技術・製品・試作品の改良・実用化に要する費用の一部を助成するほか、その後の普及促進も支援します。

都内の防災に住宅の免震化は欠かせません。そこで測定器の制作費用を助成してもらおうと申請したところ、ありがたいことに５００万円の交付が決定しました。これは、東京都が私の開発した免震工法にお墨付きを与えたということです。

そして完成したのが下の測定器です。

そして、私の会社の免震材は、大学の先生方を委員とする日本免震構造協会の材料性能評価委員会にて、厳正なる審査を受け、２０２２年６月に性能評価証を受領し、その後、国土交通大臣認定の申請を行い、８月に無事、大臣認定を取得することができました。

このような経緯で完成したのが、私の会社オリジナルの免震工法「Noah System（ノアシステム）」です。

独自開発した免震工法「Noah System」とは

「Noah System」は、まさに第４章で説明した「石場建て」を、現在の建築基準法で認められる

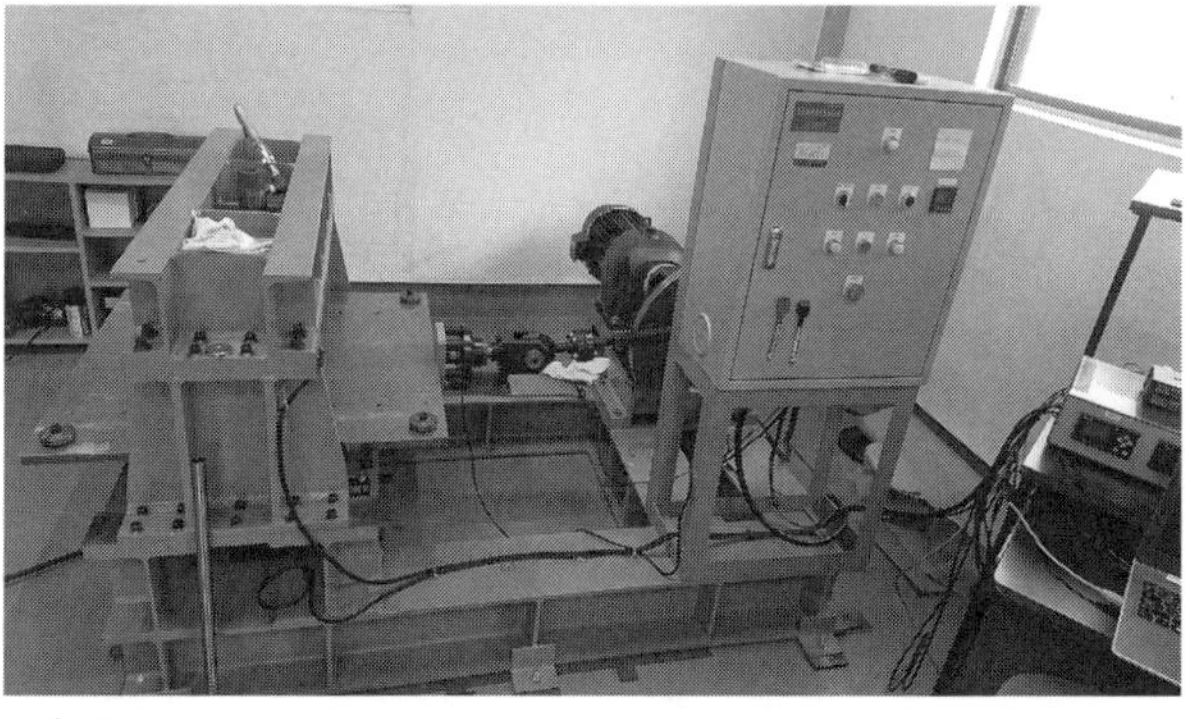

測定器

ように復元した工法といえます。

その原理は、「目玉焼き」です。フッ素コーティングをしたフライパンで目玉焼きを作ると、玉子はフライパンの上を滑って一定の場所から動きません。このようにフライパンの上に家を建てるのが「Noah System」です。

実際には、家の下にフライパンと同じ材質のフッ素コーティングをした鋼板を敷き、その上に建物を建築します。

その際の免震の仕組みは次のようになります。

①支持機能

すべり材とすべり鋼板で建物を支持する。

②減衰機能

すべり材がすべり鋼板の上を滑ることで減衰する（摩擦減衰）。

[図表 16] Noah System のしくみ

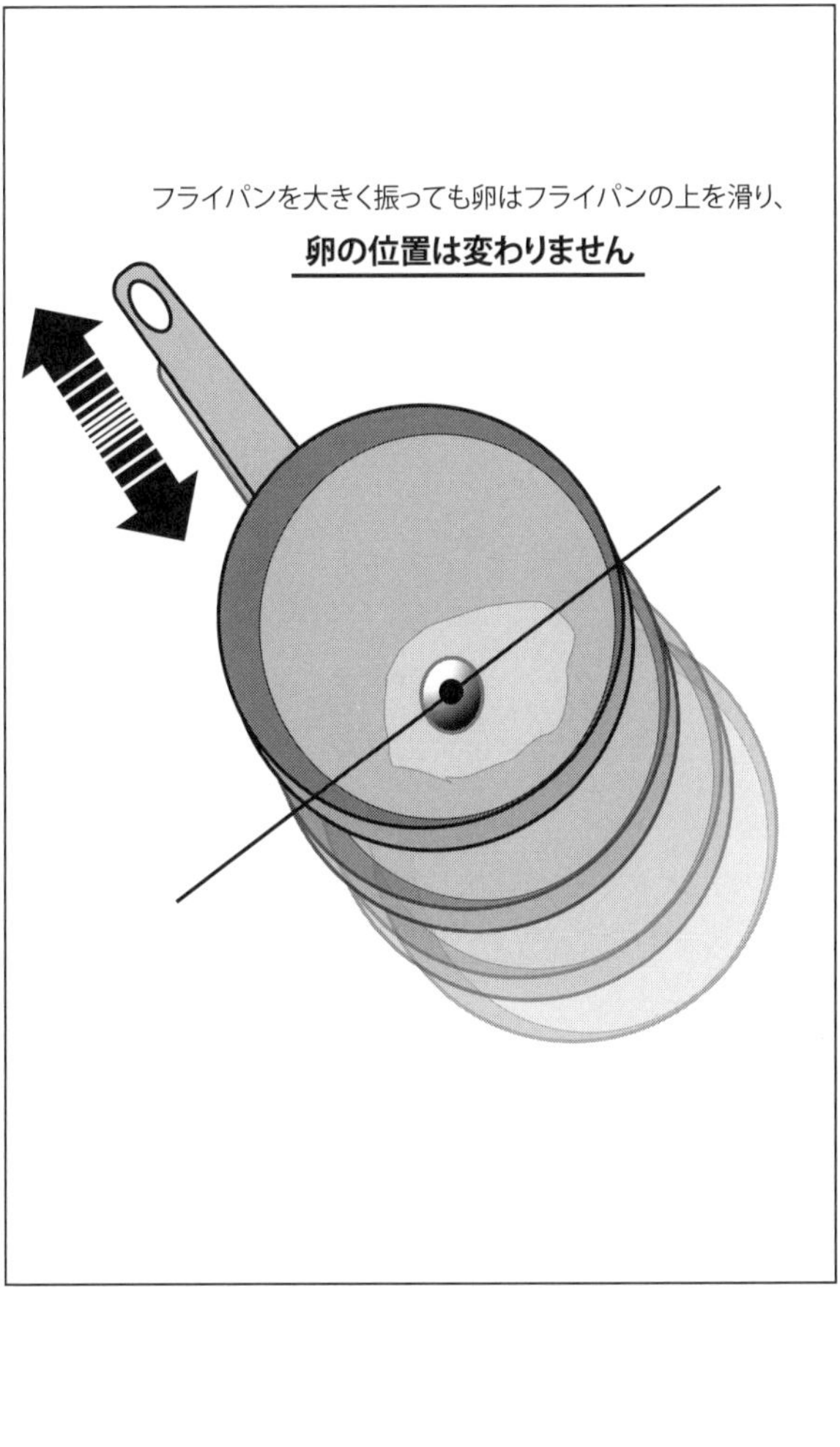

③復元機能

1棟あたり4カ所のゴム復元材が建物を元の場所に戻す。

実際の施工方法は主に8項目あります。

①基礎の底版コンクリートを打設する（その際、滑り鋼板、復元材部分は盛り上げて〔マウンドアップ〕打設）。

②基礎の上にフッ素コーティングをした鋼板を設置する。

③復元材を4カ所に設置する。

④基礎の上の土台にすべり材を設置した建物を建てる。その際、基礎と建物はゴム復元

材で連結する。

⑤風拘束材を設置する。

⑥外周に打設したコンクリートにストッパー（移動制限装置）を設置する。

⑦基礎と建物の隙間に遮水板を設置する。

⑧エアコン室外機や給湯器などの設備を建物の壁面に吊り下げる。

なお、上下水道管、ガス管などは、地震の揺れに合わせて動くフレキシブル菅を採用します。

このようにNoah Systemは、一般に広く流通している部材を使用します。ですから従来の免震工法よりも非常に安価にできるのです。

例えば、前述した建築面積約45坪の家で比較すると、従来の免震工法だと材料費だけで約510万円かかりました。一方でNoah Systemなら150万円で済みます。

さらに構造が比較的単純で、特殊な部材を使用する必要もないので一般の大工さんと基礎屋さんであれば十分施工可能です。したがって、工期も比較的短くなることから工事費も従来に比べて安く抑えられます。

このような理由から材料費と工事費を合わせても、一般的な木造住宅であれば、目標としていた金額である300万円程度で免震化ができてしまいます。

また、構造が比較的単純で、特殊な部材を使わないということは、施工品質が安定するというメリットもあります。

ちなみにNoah Systemは、構造が単純であるゆえに、既存の建物でもジャッキアップすることで比較的容易に免震化することができます。

［図表 17］ Noah System と試験設置状況

滑り鋼板敷設状況

土台木材設置状況

[図表 18] Noah System の滑り材と滑り鋼板

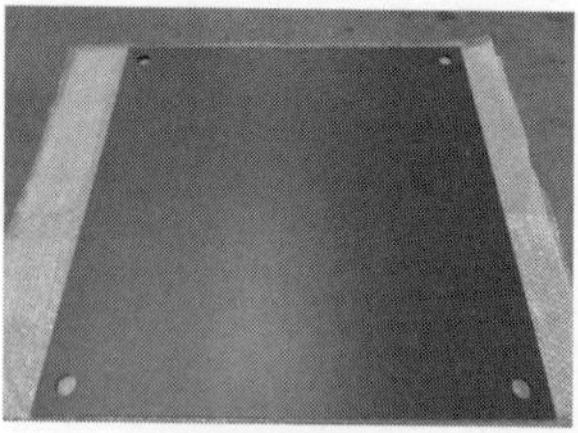

滑り鋼板

滑り材

滑り材をウマ材にセットした状況
(上下反転して設置します)

第6章

安全・安心が最優先
日本の住宅が目指すべき未来像

費用をかけるべきは太陽光発電や蓄電池なのか

昨今の一戸建て住宅の価格は、年々上昇傾向にあるようです。住宅産業新聞が公表しているデータを基に大手ハウスメーカー（7～9社）の平均単価を算出すると、2012年は3081万円（約39・7坪）でしたが、2020年には3557万円（約37・8坪）でした。たった8年間で476万円も上昇しています。

その大きな理由は、太陽光発電システムや蓄電池、そしてHEMS（ヘムス）などハイテク機器の導入です。

HEMSとは「Home Energy Management System（ホーム エネルギー マネジメント システム）」の略で、太陽光発電システムや蓄電池の稼働状況を見える化するほか、最近ではエアコンなどの家電機器の遠隔・自動操作やスマートスピーカー※との連携などもできるようになっています。

これはまさに住宅のIoT（Internet of Things）化、つまり「身の回りのあらゆるモノがインターネットにつながる」ことに向かっているということです。

実際に大手ハウスメーカーでは、このようなハイテク機器を設置することを前提に商談を開始しているようです。

素人としては、専門家（ハウスメーカー担当者）に「付いていて当たり前」といわれれば、信じるしかないかもしれません。

しかし、本当にこのようなハイテク機器は必要なのか考える必要があります。

確かに太陽光発電や蓄電池があれば、毎日省エネな暮らしができるはずです。さらにＨＥＭＳもあれば、それらの機器の管理を自動で行ってくれるので非常に便利です。

そして、ハウスメーカーの担当者は、「大地震が起きて、停電が続いても太陽光発電と蓄電池があればエネルギーの自給自足ができます」と説明しているので、災害対策も満点、と思えるかもしれません。

けれども肝心の家が使い物にならなければ、それらの機器は宝の持ち腐れになってしまいます。

したがって、ハイテク機器よりも、まずは倒壊しない家を建てることが先決ではないかと思います。

これらハイテク機器の導入費用は、合計で400万円前後です。この金額があれば一般的な住宅ならば十分にNoah Systemを導入できます。

目先の快適さ、新しさではなく、生き残るためにどちらを先に導入すべきか——。

冷静に考えれば誰にでも分かるはずです。

※スマートスピーカー

音声操作ができる対話型のスピーカー。内蔵されているマイクで音声を認識し、情報の検索や連携する家電の操作を行う

Noah Systemで実現する日本の未来像

一般的な人は、睡眠8時間、その前後で2時間×2＝4時間、合計で少なくても12時間は家にいるはずです。つまり、1日で最も長い時間を過ごす場所は家なのです。

その家にいる時間で、最も恐怖を感じる出来事はどんなことか考える必要があります。

雷ですか？

雷が家の中の人に落ちることは、まずないはずです。

火事ですか？

最近の住宅部材は、法律で非常に難燃性の高いモノを使用することが義務付けられています。一時的に燃えることはあっても、命に危険が及ぶほど燃え広がることは、ほとんどないはずです。

親父ですか？

近頃の父親の多くは優しいイクメンです。昭和のように雷を落とされるケースは、ほとんどないと思います。そもそも皆さんは、すでに独立した大人のはずなので、家の中で父親に怒られることはないはずです。

残る恐怖として考えられるのは、地震しかありません。本書でも繰り返し説明してきたように、法律でいくら耐震性の高い住宅にするようにしても、大地震が発生すれば必ずといっていいほど多数の犠牲者が出ています。

そのことは周知の事実なので、皆さんが家にいるときに大地震が起こったとしても、机の下に入り込むくらいで、あとは「なるようにしかならない」と思ってしまうのが現実ではないかと思います。

つまり、家にいる時間で、最も恐怖を感じるのは大地震の発生時といえます。

逆にいえば、大地震発生時でも「この家は絶対に倒壊しない」と信じられれば、これ以上の安心はありません。人生で最も長く過ごす場所の安全が約束されているからです。

私は、日本人が大地震に抱く不安のイメージを、台風並みにしたいと考えています。一部の地域を除き、台風が住む街に上陸する、というニュースを聞いても命の危険を感じる人はいないはずです。そこには「家にいれば安全」という安心感があるからです。

私は、大地震に対しても日本全国の人にこの感覚をもってもらいたいと強く思っています。これは決して実現不可能な夢を語っているのでありません。日本全国の家を免震住宅にすればいいのです。そうなれば大地震が発生しても「早く家に入れ!」が合言葉となって、犠牲者は大幅に減るはずです。

そのような「大地震=怖くない」世の中になるように、私は今後もNoah Systemの普及に邁進していきます。

おわりに

第5章でも少し触れましたが、私は一度、住宅の免震工法の普及を諦めたことがあります。あれは2008年のことでした。当時橋梁の構造設計が専門だった私が、縁あって住宅の免震工法のノウハウを習得し、日本の住宅の免震化を推し進めるぞ！と意気込んだものの、コストの壁に阻まれたときです。このときは自分は橋梁で十分食べていける。もう頑張るのはやめようときっぱり諦めました。

その気持ちが一変したきっかけは、2011年の東日本大震災でした。この災禍では、津波のインパクトがあまりにも大きかったので、揺れによる被害はあまり印象に残っていないかもしれません。しかしながら、大きな揺れによって数多くの建物が倒壊しているのも間違いない事実です。

この震災は私の心に強烈な後ろめたさを刻み付けました。

私は震災前に、免震工法の普及にベストを尽くしたのか……。

その後、この世間への重い気持ちをさらにえぐる記事を目にします。それは1995年の阪神・淡路大震災から22年経った2017年の「1・17のつどい」において、遺族代表を務めた男性が語った言葉でした。一部を抜粋してご紹介します。

「阪神・淡路大震災から22年。これだけ経つと歴史の世界になってしまいますが、私には歴史で済ますことはできません。

早朝、激しい揺れで目を覚まし、家がつぶれました。妻（当時32歳）に『火が出なければ助けが来る』と声を掛けると、『そんな』と言ったきり、うめき声も次第に聞こえなくなっていきました。私と長男、長女が助け出され、4時間後に妻が掘り出されたときには脈がありませんでした。

運んだ病院で医師から『だめです』の一言。最後の望みも断たれました。妻に『2人の子どものところに行くからね』と声を掛けて病院をあとにしました。避難先の魚崎小学校で、長男から『ママは天国からいつ帰ってくるの』と聞かれ、答えられずに泣きだしました。『妻は永遠に帰ってこないんだ。でも自分には2人の子どもがいる』と考え、このときから子どもを育てようという目標が明確になりました」

私はこの記事を読んでもしこの人の家が免震工法だったら、こんなつらい想いをしなくて済んだかもしれない！と胸が張り裂けそうになりました。

確かに私一人の力はちっぽけなものです。しかし、だからといってできることをやらない理由にはなりません。

そしてあと半歩の状態で悶々とする煮え切らない私の背中を、最後に押してくれたのは娘でした。

「できるなら今からでもやるべきだよ」

そう言ってくれたのです。


そこからは人とのつながりと運命に感謝するしかありません。なんとか免震住宅のコストダウンを実現させようと、前の職場である石川島播磨重工業（現：株式会社ＩＨＩ）の先輩に相談すると、母校である日本大学理工学部のある教授を紹介してくれました。

そしてその教授を介して知り合ったのが、日本大学大型構造物試験センターの職員である柳崎さんです。彼との出会いは10年前になりますが、その間に振動台やデータなどに関する数多くのアドバイスを受けました。それらなくしてNoah Systemの完成はなかったはずです。

また、親戚であり、一級建築士の上正原さんには建築家として数多くのアドバイスを受けました。

そしてすべり材の実験に大きく貢献してくださったのが、丸東製作所の平賀さんと松野さんです。彼らは私と二人三脚で1年をかけて摩擦係数の測定器を開発してくれました。

さらに免震材の開発は、東京都の「先進的防災技術実用化支援事業」に採択され、その測定器の開発費用は、この助成金で捻出しました。公的資金を利用することができたという幸運に運命を感じずにはいられません。

また、実際の塗装を担っていただいている、日建塗装工業株式会社の砂田社長、西田さん、江藤さん、井下さんの協力なくして、このプロジェクトは、果たせませんでした。そして、日建塗装工業を紹介いただいた、元デュポン・MCC社長の井前さんに感謝申し上げます。

さらには、免震技術の開発において助言をいただいた福岡大学の高山先生に感謝申し上げます。

告示免震プログラムを開発してくださったユニオンシステム株式会社の山崎さん、宮下さん、原田さん、弊社の免震住宅の実現を心待ちにしていた株式会社栄伸建設の大町社長にも非常にお世話になりました。

これらの方々の協力なくして、Noah Systemの完成はあり得ませんでした。この場を借りて深くお礼申し上げます。

以上のように数多くの方々とのご縁で完成に至ったNoah Systemは、「地震、雷、火事、親父」のなかで、現在最も怖い「地震」の心配を圧倒的に軽減します。しかも従来の約半額で実現できるのです。

この新工法により多くの方が自宅を免震化し、近い将来、日本の住宅のすべてが免震化される日を心から願っています。

最後に僭越ながら私自身のことに少し触れさせていただきます。免震工法「Noah System」の登録名は「EMI式すべり支承材」です。この「EMI」は、「Economical Movable Isolation（経済的な可動免震）」の頭文字を取ったものと周囲には説明していますが、実は違います。本当は私の娘の名前から取りました。彼女はこの事業を諦めかけていたとき、私の背中を押してくれました。その感謝の意を込めて名前の「恵美」を冠したのです。あとから丁度適当な当て字が見つかりびっくりしました。

私の父親は東京・目黒で叔父と建築会社を営んでいました。その影響からか私も大学では建築のほうに進みたいと思っていました。ところが、ある日父親に「男なら揚子江（中国）に橋を架けてこい」と言われました。その影響があったかどうかは自分でも分かりませんが、『塔と橋』（竹内敏雄著）という本にも出会い、橋のもつ機能美、構造美に魅せられ、橋梁工学を学ぶことにしました。

就職活動をした時期は丁度、本州四国連絡橋の工事が始まったタイミングで、運良く重工メーカーの橋梁設計の一員になることができました。そして、入社して8年後に揚子江ではありませんが、ヨーロッパとアジアを分けるボスポラス海峡（トルコ）に橋を架ける一大プロジェクトに参画することができたのです。

このことが私の技術者人生の礎になったことは間違いありません。ただ、巨大組織の歯車であるという感覚は否めませんでした。大きな会社で大きなプロジェクトに参画することはたいへん意義のあることですが、会社は歯車の集合体であるのも事実です。

そのようなことを感じたことで35歳のときに独立して設計会社を設立しました。それから紆余曲折、いろいろな経験をし、免震工法「Noah System」に行きついたのです。社会的に意義深く、たくさんの人に喜ばれる。私は、これこそが目指していた技術者としての理想像であると考えています。

ですから、免震住宅事業を実現できたことに感謝しています。私は残りの技術者人生をこの事業にかけていく所存です。

そして拙著を購入いただき、最後までお読みいただいた皆さまに感謝申し上げます。

2022年11月

谷山恵一

谷山恵一（たにやま けいいち）

株式会社ビーテクノシステム代表取締役社長。技術士。元日本大学生産工学部非常勤講師。剣道五段。日本大学理工学部交通工学科卒業後に石川島播磨重工業（現：株式会社ＩＨＩ）入社。橋梁設計部配属。海外プロジェクト担当としてトルコ・イスタンブールの第1ボスポラス橋検査工事、第2ボスポラス橋建設工事等に参画。第1ボスポラス橋検査工事においては、弱冠28歳でプロジェクトマネジャーとして従事し、客先の高評価を得る。その後、設計会社を設立し、海外での橋梁建設プロジェクトに参画。当時韓国最大の橋梁であった釜山の広安大橋建設工事などに、プロジェクトマネジャーとして従事。橋梁、建築物等の構造物設計・解析を専門とする。現在は橋梁設計のほか、独自の技術で一般住宅向け免震化工法「Noah System」を開発し、普及に努めている。

本書についての
ご意見・ご感想はコチラ

もう地震は怖くない！
「免震住宅」という選択

二〇二二年十一月三〇日　第一刷発行

著　者　谷山恵一
発行人　久保田貴幸
発行元　株式会社 幻冬舎メディアコンサルティング
〒一五一-〇〇五一　東京都渋谷区千駄ヶ谷四-九-七
電話　〇三-五四一一-六四四〇（編集）
発売元　株式会社 幻冬舎
〒一五一-〇〇五一　東京都渋谷区千駄ヶ谷四-九-七
電話　〇三-五四一一-六二二二（営業）
印刷・製本　シナノ書籍印刷株式会社
装　丁　株式会社幻冬舎メディアコンサルティング
デザイン局

検印廃止

Printed in Japan　ISBN978-4-344-94119-9　C0052
幻冬舎メディアコンサルティングＨＰ　https://www.gentosha-mc.com/